Mechthild Wessel · Brigitte vom Wege

Das Kindergartenspielebuch

Mechthild Wessel · Brigitte vom Wege

Das Kindergarten-spielebuch

Die schönsten Spiele aus alter und neuer Zeit

FREIBURG · BASEL · WIEN

© Verlag Herder GmbH, Freiburg im Breisgau 2010
Alle Rechte vorbehalten
www.herder.de

Umschlaggestaltung: RSR Design Reckels & Schneider-Reckels, Wiesbaden
Umschlag- und Textillustrationen: Detlef Kersten
Layout, Satz und Gestaltung: Arnold & Domnick, Leipzig
Druck und Bindung: fgb · freiburger graphische betriebe
www.fgb.de

Gedruckt auf umweltfreundlichem, chlorfrei gebleichtem Papier
Printed in Germany

ISBN 978-3-451-32330-0

Inhalt

Einführung 7

Ich bin ich und wer bist du? – Kennenlern- und Kontaktspiele 9

Jetzt wird nicht mehr still gesessen! – Bewegungsspiele 19
Ballspiele 21
Hüpfspiele 28
Kniereiterspiele 36
Lauf- und Fangspiele 39
Seilspiele 48

Den eigenen Ideen Flügel geben – Rollenspiele 53
Fingerspiele 55
Kreis- und Liedspiele 63
Pantomimische Spiele 73

Auf den Spuren von Kim & Co. – Sinnesspiele 79
Tastspiele 81
Hörspiele 86
Sehspiele 92
Riechspiele 97
Schmeckspiele 101

Bärenjagd und Märchen-Allerlei – Sprachspiele 105
Erzählspiele und Mitmachgeschichten 107
Abzählreime 118
Handklatschspiele 121

Zaubersprüche 127
Mal- und Schreibspiele. 130
Rätselreime. 134
Spielverse 136
Zungenbrecher 143

Zur Ruhe kommen – Entspannungsspiele 145

Alphabetisches Spieleverzeichnis 155

Einführung

> Spielen ist die frühe Form der geistigen Bildung.
> Durch Spiel wird die Welt entdeckt und erobert.
> *Friedrich Fröbel (1782–1852)*

Spielen ist das halbe Kinderleben. Die Welt des Kindes ist fast völlig durchdrungen vom Spiel. Das Spielen ist keine Freizeitbeschäftigung, streng abgegrenzt vom „sinnvollen" Lernen, sondern Spielen ist Lernen und Lernen ist Spiel: Im Spiel setzt sich das Kind mit seiner Umwelt auseinander, erwirbt sprachliche Fähigkeiten, nimmt Kontakt zu anderen Menschen auf und erfährt gesellschaftliche Regeln und Normen. Im Spiel erwirbt das Kind Fähigkeiten in der Bewegung, seine Kreativität und Fantasie werden freigesetzt und angeregt. Es zeigt seine Gefühle und bringt geheime Wünsche zum Ausdruck.

All diese Kompetenzen können sich nur in einer harmonischen Spielatmosphäre entfalten: Das Kind braucht Raum und Zeit, um sich auszuspielen, um seine Fähigkeiten zu erproben und zu erweitern. Dazu gehören auch erwachsene Spielpartner, die das Spiel des Kindes ernst nehmen, es unterstützen und anregen. Denn letztlich können die Kinder im Spiel nur dann all ihre Möglichkeiten ausschöpfen, wenn sie eine breite Facette unterschiedlicher Spielformen kennengelernt haben.

Wir haben deshalb in diesem Buch Kennenlern- und Kontaktspiele, Bewegungsspiele und Rollenspiele, Sinnesspiele, Spiele mit der Sprache und Entspannungsspiele zusammengestellt und möchten Sie einladen, gemeinsam mit den Kindern die große Vielfalt der Spielformen zu entdecken, um ihre Spielfähigkeit anzuregen.

Wer Kinder beim Spielen positiv unterstützen möchte, sollte bedenken, dass es stets darum geht, die kindliche Eigentätigkeit zu fördern. Kinder wollen selbst aktiv werden! Da das Spiel eng mit der kindlichen Entwicklung verzahnt ist, ändert sich die Rolle des erwachsenen Spielpartners: Das Kleinkind ist bei seinen Erkundungsspielen noch auf den Erwachsenen angewiesen. Er bietet ihm Anregungen, stellt Spielmaterial zur Verfügung, unterstützt, wenn Hilfe verlangt wird. Bei Kniereiterspielen ist es der enge Körperkontakt zwischen Kind und Erwachsenem, der dem Kind Geborgenheit und Sicherheit vermittelt. Auf der Grundlage solcher Erfahrungen wagen Kleinkinder dann erste Schritte bei

Liedspielen im Kreis mit anderen Kindern. Erste Sozialbeziehungen entstehen und die Unterstützung des erwachsenen Mitspielers wird seltener gewünscht. Das Kindergartenkind wendet sich bevorzugt gleichaltrigen Spielpartnern zu, es erprobt sich in Rollenspielen mit wechselnden Spielpartnern und hat Spaß an ersten Regelspielen. Doch auch in dieser Phase ist das Kind auf die Anleitung und Unterstützung von Erwachsenen angewiesen.

In jedem Fall brauchen Kinder Entscheidungsfreiheit: Kinder probieren aus, versuchen den Dingen auf den Grund zu gehen, dabei entwickeln sie eigene Regeln für ihr Spiel und geben ihren kreativen Spieltätigkeiten einen eigenen Sinn. Manchmal wollen Kinder auch nur beobachtend teilnehmen, bevor sie sich für ein Spiel entscheiden.

Das vorliegende Kindergartenspielebuch versteht sich als Anregung und Hilfe zur Förderung des Spielens und des spielenden Lernens unter Berücksichtigung der kindlichen Entwicklung.

Sie finden in diesem Spielebuch eine Zusammenstellung adäquater Spielformen und zu jeder Spielform unterschiedliche Spiele aus alter und neuer Zeit. Alle Spiele sind erprobt und haben sich in den unterschiedlichsten Gruppenzusammensetzungen bewährt. Jede Spielform wird mit didaktischen und methodischen Hinweisen eingeführt. Bei der Umsetzung der einzelnen Spiele in der Praxis sollte jedoch flexibel verfahren werden. Oft sind Veränderungen der Spielregeln oder des Spielverlaufs angebracht, um den Spielbedingungen oder den Spielgruppenprozessen gerecht zu werden.

Innerhalb der einzelnen Kapitel sind die Spiele nach Altersangaben geordnet, d. h. am Anfang stehen jeweils Spielideen, die bereits mit den Jüngsten umgesetzt werden können. Allerdings sind die Altersangaben entwicklungsbedingt und können individuell variieren.

Ein Register am Ende des Buches erleichtert die Suche: so kann für jede Situation schnell das geeignete Spiel gefunden werden.

Wir wünschen Ihnen viel Freude beim gemeinsamen Spiel!

Brigitte vom Wege
Mechthild Wessel

Ich bin ich und wer bist du?

Kennenlern- und Kontaktspiele

... sind soziale Wahrnehmungsspiele, die den Kindern das Miteinander in einer (neuen) Gruppe erleichtern sollen. Kennenlernspiele erleichtern die Orientierung gerade in der Anfangsphase der Gruppenbildung. Auf dieser Basis können Kontakte zwischen den Kindern entstehen und durch Spiele intensiviert werden, bei denen das Miteinander im Vordergrund steht – einander an den Händen fassen, paarweise zusammengehen etc. –, allesamt Spiele ohne Wettbewerbscharakter, die zum Abbau von Hemmungen und Ängsten beitragen. Kontaktspiele fördern das Wir-Gefühl in der Gruppe und können als Vorbereitung für den Einstieg in ein Thema, das gemeinsam bearbeitet werden soll, zum Einsatz kommen.

Förderbereiche: Stärkung des Selbstbewusstseins, Sensibilisierung für verschiedene Formen des Miteinanders (Körperkontakt und Kommunikation)

Einsatzmöglichkeiten: zu Beginn eines Gruppenprozesses, zum Kennenlernen und zur Eingewöhnung der Kinder; als Motivation zu einem Thema

Methodische Hinweise: Kennenlern- und Kontaktspiele müssen von einer Spielleitung initiiert und geleitet werden. Wichtig ist, die Möglichkeiten und Ängste der Kinder im Blick zu behalten – so sollten z. B. berührungsängstliche Kinder nicht überfordert werden. Auch die emotionale Gruppensituation muss beachtet werden.

Im Garten steht ein Blümelein ab 2 Jahren

Im Garten steht ein Blü-me-lein,
Ver-giss-mein-nicht, Ver-giss-mein-nicht.
Und wen ich hier am lieb-sten hab,
dem win-ke ich, dem win-ke ich.
Tralla-la-la-la-la-la-lalla-la,
tra-la-lalla-la, tra-la-lalla-la.
Tralla-la-la-la-la-lalla-la,
tra-la-lalla-la-lalla-la.

Die Kinder fassen sich an den Händen, gehen im Kreis und singen das Lied zu einer Leiermelodie. Ein Kind geht in die entgegengesetzte Richtung und winkt einem anderen Kind.
Beide tanzen, während die anderen mit Blick zur Kreismitte stehen bleiben und das Lied auf „tralla-la ..." wiederholen und in die Hände klatschen.
Das Spiel beginnt von vorn und beide Kinder winken nun ...

Hallo, hallo   ab 2 Jahren

Hal-lo! Hal-lo, schön, dass ihr da seid. Hal-lo! Hal-lo, schön, dass es euch gibt. Die Ha-cken und die Spit-zen, die wol-len nicht mehr sit-zen, die Ha-cken und die Ze-hen wol-len wei-ter-ge-hen. Hal-lo! Hal-lo, schön, dass ihr da seid. Hal-lo! Hal-lo, schön, dass es euch gibt.

Alle stehen im Kreis und singen. Bei „die Hacken und die Spitzen" versuchen alle Kinder, sich auf die Fersen bzw. auf die Fußspitzen zu stellen, um dann auf den Fersen bzw. Fußspitzen zu gehen. Der Anfang des Liedes wird wiederholt, dann (Sprechgesang) die Namen von vier Kindern aufgezählt: Die *Anna* ist da, der *Janosch* ist da, die *Eva* ist da und der *Johann* ist da!
Anschließend beginnt das Lied von vorne.

Auf der Donau will ich fahren   ab 3 Jahren
(nach der Melodie „Kommt ein Vogel geflogen")

Auf der Donau will ich fahren, hab ein Schifflein gesehn.
Und das Schifflein heißt *Anna* und die *Anna* darf sich drehn.

Die Mitspieler stellen sich im Kreis auf. Alle singen das Lied bis zu dem Wort „heißt ...". Dann ruft die Spielleitung den Namen eines Kindes. Das Lied wird mit diesem Namen zu Ende gesungen. Der Gerufene dreht sich nun mit dem Rücken zur Kreismitte und darf das nächste Mal einen Namen nennen. Das Lied wird so lange gesungen, bis alle Kinder sich gedreht haben.

Mein rechter, rechter Platz ist frei   ab 3 Jahren

Die Kinder sitzen im Kreis und ein Platz bleibt frei. Das Kind, dessen rechter Platz frei ist, beginnt und sagt: „Mein rechter, rechter Platz ist frei, ich wünsche mir die *Hanna* herbei." Hanna setzt sich auf den freien Platz. Das Kind, dessen rechter Platz gerade frei wurde, ist als Nächstes an der Reihe.

Variante 1: Das Kind, das an der Reihe ist, sagt: „Mein rechter, rechter Platz ist frei, ich wünsche mir *Hanna als Häschen* herbei." Daraufhin hüpft Hanna als Häschen zu dem freien Platz.
Variante 2: Die Kinder, die neben sich den freien Platz haben, beginnen gleichzeitig: „Mein rechter, rechter (linker, linker) Platz ist frei, ich wünsche mir *Hanna / Tom* herbei." Hanna und Tom springen auf, um auf den freien Platz zu kommen. Wer ist der Schnellste? (ab 5 Jahren)

Tipp: Für Kinder, die noch nicht rechts und links unterscheiden können, ist ein farbiger Punkt auf der rechten Hand hilfreich.

Eins, zwei, drei im Sauseschritt   ab 3 Jahren

Eins, zwei, drei im Sauseschritt, gehen alle Kinder mit,
die *Vera* ist jetzt an der Reih und läuft an uns vorbei.
Bücken, strecken, rundrum drehn, viermal klatschen, stampfen, stehn.

Die Kinder bilden einen Kreis, fassen sich an den Händen, singen den Text nach einer einfachen Leiermelodie und gehen dabei in eine Richtung. Ein Kind wird mit Namen genannt und läuft im Innenkreis in der Gegenrichtung. Bei „bücken" bleiben alle stehen und führen die entsprechenden Bewegungen aus. In der nächsten Spielrunde läuft ein anderes Kind in der Kreismitte herum.

Guten Morgen, guten Morgen   ab 3 Jahren

Guten Morgen, guten Morgen, wir lachen uns zu. Guten Morgen, guten Morgen, erst ich und dann du.	*Alle stehen im Kreis und lachen sich gegenseitig zu. Erst auf sich selbst und dann auf ein anderes Kind zeigen.*
Guten Morgen, guten Morgen, wir nicken uns zu. Guten Morgen, guten Morgen, erst ich und dann du.	*Alle nicken sich zu.* *Zeigen.*

Guten Morgen, guten Morgen, *Alle winken sich zu.*
wir winken uns zu.
Guten Morgen, guten Morgen,
erst ich und dann du. *Zeigen.*

Guten Morgen, guten Morgen, *Alle klatschen*
wir freu'n uns so sehr.
Guten Morgen, guten Morgen,
komm, setz dich mit her. *und setzen sich zum Schluss.*

Das Lied wird zu einer einfachen Leiermelodie gesungen und mit den entsprechenden Bewegungen begleitet.

Ein kleines graues Eselchen   ab 3 Jahren

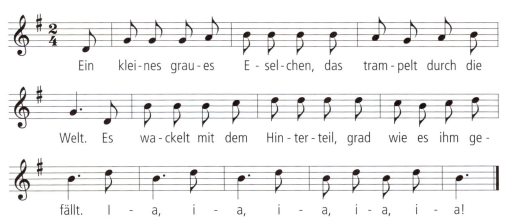

Ein kleines graues Eselchen, das trampelt durch die Welt. Es wackelt mit dem Hinterteil, grad wie es ihm gefällt. I-a, i-a, i-a, i-a, i-a!

Ein Kind beginnt als Esel im Kreis umherzukrabbeln. Beim Text „wackelt mit dem Hinterteil" mit dem Popo wackeln, bei „Ia" sucht sich der Esel einen Freund. Darauf sind zwei Esel im Kreis, dann vier, sechs, acht, usw., bis alle Kinder in der Mitte sind. Nun ändert sich der Text: „So viele graue Eselchen, die wandern durch die Welt. Sie sind ganz müd, sie sind ganz müd und schlafen ganz schnell ein." Die Kinder legen sich auf den Boden in die Kreismitte. Die Spielleitung spricht: „Am nächsten Morgen kommt die liebe Sonne und kitzelt die kleinen Esel wieder wach" und geht von Kind zu Kind und kitzelt sie. Wer gekitzelt wurde, geht zu seinem Platz im Kreis zurück.

Im Zirkus Bella, Bella ab 3 Jahren

Material: *1 Steckenpferd o. Ä.*

Im Zirkus Bella Bella
da gibt es viel zu sehn,
da kann man für 'nen Euro,
den dummen August sehn.
Er reitet auf 'nem Pony.
Das Pony hat 'nen Floh
und beißt die *Johanna* ganz schnell
mal in den Po.

Die Spieler sitzen im Kreis. Ein Mitspieler geht mit einem Steckenpferd in die Mitte und reitet im Kreis. Alle singen zu einer Leiermelodie.
Der Mitspieler bleibt vor einem anderen stehen und piekt ihn mit dem Finger.
Nun ist dieser Spieler an der Reihe.

Hin und her im Kindergarten ab 3 Jahren

1. Hin und her im Kin-der-gar-ten, hin und her im Kin-der-gar-ten, hin und her im Kin-der-gar-ten, du sollst mir fol-gen! Klip-per, klip-per, klap-per auf die Schul-ter, klip-per, klip-per, klap-per auf die Schul-ter, klip-per, klip-per, klap-per auf die Schul-ter, du sollst mir fol-gen!

Alle Spieler bilden einen Kreis und singen. Ein Kind geht im Kreis herum und bleibt bei „du sollst mir folgen" vor einem Mitspieler stehen. Zu „Klipper, klipper, klapper ..." klopfen sich die beiden gegenseitig im Rhythmus auf die Schultern und gehen anschließend gemeinsam im Kreis herum. Bei jeder Spielrunde verdoppeln sich die Spieler, so dass sich am Ende alle Kinder in der Kreismitte befinden.

Ich bin ein kleiner Tanzbär   ab 3 Jahren

Ich bin ein klei-ner Tanz-bär und kom-me aus dem Wald. Ich such mir ei-nen Freund aus und fin-de ihn schon bald. Ei, wir tan-zen hübsch und fein, von ei-nem auf das and-re Bein.

Alle sitzen im Kreis. Ein Kind geht schwerfällig im Kreis umher und singt dabei: „Ich bin ein kleiner Tanzbär und komme aus dem Wald. Ich such mir einen Freund aus und finde ihn gar bald." Dann sucht es sich einen Partner aus. Die beiden fassen sich an den Händen und singen gemeinsam: „Ei, wir tanzen hübsch und fein ..." Dabei heben sie abwechselnd die Beine links und rechts seitlich hoch. Danach sucht sich jeder Tanzbär einen neuen Partner und das Lied wird von Neuem gesungen, bis alle Kinder tanzen.

Fallschirm   ab 4 Jahren

Material: *1 Regenschirm*

Alle sitzen im Kreis, ein Stuhl weniger als Mitspieler. Ein Kind geht mit dem (geschlossenen) Regenschirm nacheinander zu einigen Mitspielern und fragt: „Wie heißt du?" Wenn diese ihren Namen genannt haben, schließen sie sich dem Spieler an, so dass allmählich eine kleine Schlange entsteht. Lässt der erste Spieler den Regenschirm fallen, müssen sich alle einen neuen Platz suchen. Der Spieler, der keinen Platz gefunden hat, geht erneut mit dem Regenschirm herum.

Ein Elefant, der balancierte   ab 4 Jahren

Ein E-le-fant, ja, der ba-lan-cier-te auf ei-nem Spin-nen-, Spin-nen-netz.

Da rief er froh: „Hur-ra, es hält! Ich ho-le mei-ne Freun-din jetzt."

Alle sitzen im Kreis und singen. Ein Kind geht als Elefant im Kreis herum, fasst mit einer Hand die Nase und steckt den anderen Arm durch die Armbeuge. Dann bleibt es vor einem Kind stehen. Beide ziehen als Elefanten weiter und suchen sich neue Elefanten, so lange, bis nur noch ein Kind im Kreis steht. Dies Kind ist die Spinne, es rüttelt am „Spinnennetz" und alle Elefanten fallen um.

Hatschi-Patschi   ab 4 Jahren

Ein Mitspieler verlässt die Spielgruppe und geht kurz nach draußen. Die übrigen Mitspieler sitzen im Stuhlkreis und wählen einen Mitspieler als Hatschi Patschi aus. Der Spieler kommt wieder herein, geht zu einem Kind, begrüßt es mit Handschlag und sagt: „Guten Morgen, ich heiße *Oskar* und wie heißt du?" Das Kind antwortet: „Guten Morgen, ich heiße *Felix*!" Dies wird so lange fortgeführt, bis der Fragende auf Hatschi Patschi trifft. Wenn die Antwort kommt: „Guten Morgen, ich heiße Hatschi Patschi!", springen alle auf und jeder versucht einen Platz zu erreichen. Wer keinen Platz erwischt, beginnt die nächste Spielrunde und verlässt den Raum.

Variante: Die Spieler geben sich Fantasienamen.

Ich sitze im Grünen   ab 4 Jahren

Die Kinder sitzen im Kreis und ein Platz bleibt frei. Das Kind, dessen rechter Platz frei ist, setzt sich auf diesen Stuhl und sagt: „Ich sitze." Das nächste Kind folgt mit den Worten: „Im Grünen" und das dritte Kind sagt: „und warte auf Benny". Woraufhin Benny sich auf den freien Platz setzt. Dort, wo Benny gesessen hat, beginnt die nächste Spielrunde.

Variante: Ältere Kinder können selbst Sätze erfinden, z. B. „Ich liege – auf der Wiese – und suche ..." oder „Ich fahre – mit dem Fahrrad – zu ..."

Wir woll'n den Kranz binden   ab 4 Jahren

1. Wir woll'n den Kranz binden.
   So binden wir den Kranz,
   für die *Svenja*, hübsch und fein,
   soll der Kranz gebunden sein.

2. Wir woll'n den Kranz lösen.
   So lösen wir den Kranz,
   für die *Svenja*, hübsch und fein,
   soll der Kranz gelöset sein.

Die Kinder gehen im Kreis und singen nach einer einfachen Leiermelodie. Das genannte Kind verschränkt die Arme, so dass es mit der rechten Hand seinen linken Nachbarn anfasst und mit der linken seinen rechten. Nach und nach geben sich dann alle Kinder mit verschränkten Armen die Hände. In der zweiten Strophe lösen die genannten Kinder diese Körperhaltung wieder auf.

Kartenrutschen   ab 5 Jahren

Material: *ein Rommékartensatz*

Alle Mitspieler sitzen im Stuhlkreis und ziehen aus dem Kartenstapel eine Spielkarte. Für die Spieler ist nur die Kartenfarbe wichtig, also *Herz, Karo, Kreuz, Pik*. Die Spielleitung hält den restlichen Stapel in der Hand, deckt die oberste Karte auf und zeigt sie den Mitspielern, z. B. *Karo 10*. Daraufhin rutschen alle Spieler, die *Karo* haben, einen Platz nach links. Ist dieser Platz besetzt, setzen sie sich auf den Schoß des Mitspielers. In dieser Weise wird weitergespielt, wobei immer nur die Spieler einen Platz weiterrutschen dürfen, die oben sitzen. Wenn der erste Spieler an seinem alten Sitzplatz angekommen ist, wird das Spiel beendet.

Variante: Es können auch Karten mit anderen Symbolen benutzt werden, z. B. vier Farben, vier Tierarten, vier verschiedene Blumen, vier Obstsorten usw.

Spots in movement   ab 5 Jahren

Material: *Musik*

Die Musik spielt und die Spieler bewegen sich frei im Raum. Immer wenn die Musik abbricht, wird ein Impuls der Spielleitung von allen ausgeführt, z. B.
- möglichst viele Hände schütteln,
- sich am rechten Ohrläppchen ziehen,
- sich mit den Pos anschubsen,
- alle mit blauen Augen stellen sich zusammen,
- alle, die rot an ihrer Kleidung haben, stellen sich zusammen,
- zu dritt / zu viert / zu fünft zusammenstellen.

Wer hat den Keks aus der Dose geklaut?   ab 5 Jahren

Die Mitspieler sitzen im Kreis. Der Spielleiter beginnt mit dem Namen eines Mitspielers: *Lilli hat den Keks aus der Dose geklaut.* Lilli: *Wer, ich?* Alle: *Ja, du!* Lilli: *Niemals!* Alle: *Wer dann?* Lilli: *Anton!* Alle: *Anton hat den Keks aus der Dose geklaut.* Dabei werden die Worte durch abwechselndes Klatschen auf die Oberschenkel rhythmisch untermalt. Das Spiel kann so lange gespielt werden, bis jeder Mitspieler einmal genannt wurde.

Wir packen unseren Picknickkorb   ab 6 Jahren

Material: *1 Korb*

Die Spieler sitzen im Kreis. In der Mitte steht ein Korb. Ein Spieler beginnt und sagt z. B.: „Ich heiße *Alina* und packe *Ananas* in den Picknickkorb." Dabei steht Alina auf und legt eine imaginäre Ananas in den Korb. Der folgende Spieler in Uhrzeigerrichtung ist an der Reihe und wiederholt die Nennungen seines Vorgängers. Dann sagt er ebenfalls seinen Namen und eine Speise, die mit dem gleichen Buchstaben wie sein Vorname beginnt. Der letzte Spieler im Kreis muss eine gute Merkfähigkeit besitzen, um alle Namen und Speisen der Mitspieler aufzuzählen.

Variante: Jüngere Kinder nennen nur ihre Namen und ihre Lieblingsspeisen oder Dinge, die sie auf eine Reise mitnehmen würden, ohne die vorherige Nennung zu wiederholen.

Jetzt wird nicht mehr still gesessen!

Bewegungsspiele

... sind Geschicklichkeits- und Tobespiele, bei denen Kinder ihre elementaren Bewegungsbedürfnisse ausleben können. Bewegungsspiele fördern das Zusammenspiel der Sinne, so dass komplexe Anpassungsreaktionen in Gang gesetzt werden, die dem kindlichen Gehirn die Chance geben, sich weiterzuentwickeln. Durch Bewegung erobern sich Kinder die Welt. Alle grobmotorischen Bewegungsformen wie Laufen, Hüpfen, Krabbeln, Springen, Schleichen, Rollen, Tanzen, Balancieren usw. stärken das Selbstbewusstsein, verbessern die Koordinationsfähigkeit und fördern die geistige Entwicklung von Kindern. Bewegungsspiele vermitteln Erfahrungen der vestibulären (Gleichgewichtssinn), kinästhetischen (Bewegungsempfindung) und taktilen (Tastsinn) Wahrnehmung. Untersuchungen der vergangenen Jahre haben gezeigt, dass Bewegungsspiele in der Gemeinschaft mit anderen Kindern Auswirkungen auf die Intelligenz, das Sprachvermögen und das logische Denken haben. Unter sich lernen Kinder, Regeln einzuhalten, eigene Wünsche zu äußern und durchzusetzen, Kompromisse zu schließen und mit den eigenen und fremden Gefühlen umzugehen. Alles Fähigkeiten, die sie für den Umgang im Alltag benötigen. Kniereiter, Spiele mit dem Ball oder dem Seil, Versteck-, Lauf- und Fangspiele können als Gruppen- oder Partnerspiele in verschiedenen Situationen eingebunden werden. Insbesondere bei jüngeren Kindern sind Bewegungsspiele vorzuziehen, bei denen alle gleichermaßen die Möglichkeit haben, die Bewegungsaufgabe geschickt zu erfüllen und nicht durch Ausscheiden bloßgestellt werden. Bewegungsspiele mit starkem Wettbewerbscharakter sind für Kindergartenkinder ungeeignet. Spiele, bei denen allein die Bewegung, der Körperkontakt und das Zusammenspiel mit anderen im Vordergrund stehen, machen allen Spaß, nicht nur den Siegern. Nach gemeinsamen Absprachen und nach der Festlegung der Spielregeln können Bewegungsspiele sogar Kooperationsspiele sein.

Ballspiele

... sind Spiele, bei denen Bälle jeglicher Art gerollt, geprellt, geworfen bzw. gefangen werden. Das Fangen des geworfenen und geprellten Balles fällt jüngeren Kindern zunächst sehr schwer und wird erst bei fortgeschrittener Ballbeherrschung gemeistert. Die Größe und Schwere des Balls, der im Spiel zum Einsatz kommt, richtet sich nach dem Alter und Können der Kinder und nach der Spielart bzw. Spielregel. Je kleiner ein Ball ist, desto schwerer fällt es dem jüngeren Kind, ihn zu fangen.

Förderbereiche: sensomotorische Steuerungsfähigkeit, Koordinationsvermögen, Gewandtheit, Geschicklichkeit, Reaktionsvermögen, Rücksichtnahme

Einsatzmöglichkeiten: in größeren Bewegungsräumen oder draußen (abgegrenztes bzw. umzäuntes Spielgelände, z. B. Wiese)

Methodische Hinweise: Um keine Frustrationen zu erzeugen, sondern die Bewegungsfähigkeit mit dem Ball spielerisch zu entwickeln, sollte zunächst das Zurollen, Weit- und Zielrollen mit Hand und Fuß, dann das Hoch-, Weit- und Zielwerfen in unterschiedlichen Spielen geübt werden. Hilfestellung durch eine Spielleitung ist nötig bei der Bildung von Mannschaften, z. B. durch Abzählreime (siehe S. 118f.).

Schneeballschlacht   ab 3 Jahren

Material: *Zeitungspapier, Papierkorb*

Alle Mitspieler knüllen Zeitungspapier zu „Schneebällen" und bewerfen sich damit. Zum Schluss können die Zeitungsbälle gezielt in den Papierkorb geworfen werden.

Bewachte Stuhlbeine   ab 4 Jahren

Material: *Stuhl, 1 Ball.*

Alle Mitspieler stehen im Kreis. In der Mitte ist ein Stuhl mit seinem Wächter platziert. Die Spieler im Kreis müssen nun versuchen, sich den Ball zuzuspielen, indem sie ihn durch die Stuhlbeine hindurchrollen. Gelingt es, wird jemand anderes der Wächter.

Rollball   ab 4 Jahren

Material: *Bälle, Stäbe*

Die Kinder bilden zwei gleich starke Teams. Die Bälle werden mit der rechten bzw. linken Hand um einen markierten Wendepunkt gerollt.

Varianten:
- zwei Bälle werden gleichzeitig mit beiden Händen gerollt
- ein Ball wird mit dem Fuß vorangetrieben
- im Vierfüßlergang wird der Ball mit dem Kopf vorwärts gerollt
- ein Ball wird an einer vorgezeichneten Linie entlang gerollt
- ein Ball muss zwischen Hindernisse hindurch gerollt werden
- ein Ball wird mit einem Stab vorangetrieben

Eins, zwei, drei, wer hat den Ball?   ab 4 Jahren

Material: *1 Ball*

Alle Mitspieler stellen sich in einer Reihe auf. Einer wird ausgezählt und stellt sich mit dem Ball – einige Schritte entfernt – mit dem Rücken zu der Spielerreihe. Nun wirft er den Ball über seinen Kopf zurück zu den Spielern. Dabei darf er sich nicht umsehen. Ein Kind aus der Reihe fängt den Ball, behält ihn oder wirft ihn einem anderen Kind in der Reihe zu. Dann muss es schnell gehen, denn jetzt ruft der Werfer: „Eins, zwei, drei – wer hat den Ball?" und alle müssen ihre Hände hinter ihrem Rücken verstecken, auch das Kind mit dem Ball – es hält dabei den Ball fest. Der Ballwerfer dreht sich um und versucht zu erraten, wer den Ball hat. Rät er richtig, darf er den Ball noch einmal werfen, rät er falsch, darf das Kind werfen, das den Ball tatsächlich hatte.

Tunnelball   ab 4 Jahren

Material: *1 Gummi- oder Softball*

Alle Mitspieler sitzen im Kreis auf dem Boden und stellen die Füße auf, so dass ein Tunnel entsteht. In diesem Tunnel wird nun ein Ball im Kreis herumgerollt. In der Kreismitte steht ein Spieler, der versuchen muss, den Ball zu berühren. Gelingt es ihm, so geht der Spieler in die Mitte, bei dem der Ball im Tunnel stecken blieb, der bisherige Kreisspieler setzt sich in den Kreis.

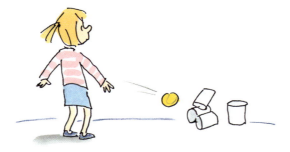

Dosenwerfen   ab 4 Jahren

Material: *leere Konservendosen, 1 Tennisball*

Aus leeren Konserven- oder Kaffeedosen oder kleineren Pappkartons bauen alle Mitspieler eine Pyramide oder eine „Mauer". Dann wird eine Abwurflinie markiert und schon kann's losgehen.
Die Spielregel wird vor dem Spiel gemeinsam festgelegt, z. B. jeder Mitspieler hat drei Würfe und erhält für jede getroffene Dose einen Punkt.

Hallihallo   ab 4 Jahren

Material: *1 Ball*

Der erste Ballwerfer wird durch einen Auszählreim bestimmt. Die übrigen Mitspieler stehen verteilt in einem abgegrenzten Spielfeld. Der Werfer wirft den Ball hoch in die Luft und ruft: „Hallihallo, für *Anne*!" Darauf versucht Anne den Ball zu fangen, während die anderen weglaufen. Sobald Anne den Ball gefangen hat, ruft sie „Stopp!" und alle bleiben stehen. Nun zielt sie auf einen der Mitspieler. Trifft sie ihn, so wirft dieser Spieler in der nächsten Spielrunde den Ball. Verfehlt sie den Spieler, so wird sie zur Werferin.

Prinzenball   ab 4 Jahren

Material: *1 Ball*

Die Mitspieler stehen in einer Reihe nebeneinander. Cirka vier Meter davor steht der vorher ausgeloste „Prinz" (oder „Prinzessin"), der den Spielern nacheinander in der Reihe den Ball zuwirft. Lässt ein Spieler den Ball fallen, so muss er sich an das Ende der Reihe stellen. Kann der „Prinz" den Ball nicht fangen, tritt der erste Spieler der Reihe an seine Stelle und das Spiel geht weiter. Die Art des Werfens und Fangens bestimmt der „Prinz".

Der Ball ist im Eimer   ab 4 Jahren

Material: *Tennisbälle, Eimer, evtl. eine Stoppuhr*

Die Mitspieler stellen sich in gleicher Entfernung rund um einen Eimer auf. (Die Entfernung vom Eimer richtet sich nach dem Alter der Mitspieler: Pro Lebensjahr stehen die Spieler z. B. zwei Fußlängen vom Eimer entfernt.) Jeder versucht, seinen Ball in den Eimer zu werfen. Für einen erfolgreichen Wurf erhält der Spieler einen Punkt.

Variante: Das Spiel als Teamwettbewerb durchführen: es bilden sich zwei Gruppen und die Punkte werden im Team gezählt.
Oder: es gewinnt das Team, das zuerst alle Bälle im Eimer versenkt hat.

Ball-Kette   ab 5 Jahren

Material: *2 Bälle*

Die Mitspieler bilden zwei Mannschaften. Jede Mannschaft stellt sich in einer Reihe hinter die Startlinie. Der jeweils letzte Spieler in der Reihe bekommt einen Ball. Nach dem Startsignal gibt der letzte Spieler den Ball weiter an seinen Vordermann und läuft dann nach vorn und stellt sich vor den ersten Mitspieler in der Reihe. Die Ballkette bewegt sich so langsam vorwärts. Die Spieler dürfen sich nur bewegen, wenn sie den Ball an den Vordermann abgegeben haben. Gewonnen hat die Mannschaft, die als erste einen Spieler mit Ball über die Ziellinie gebracht hat.

Balltransport   ab 5 Jahren

Material: *2 Bälle und 4 Holzstäbe oder Stöcke*

Eine Laufstrecke mit Start- und Ziellinie markieren und zwei Teams bilden, die sich gegenüberstehen. Die Spieler jedes Teams bilden Paare. Jedes Paar legt den Ball auf die beiden Holzstäbe und versucht ihn so über die Strecke zu transportieren. Ist das Paar auf der gegenüberliegenden Seite angekommen, übernimmt das nächste Paar den Transport. So lange spielen, bis alle im Team an der Reihe waren. Welches Team ist am geschicktesten?

Drachenkampf   ab 5 Jahren

Material: *1 Softball*

Fünf bis acht Spieler bilden einen Drachen, indem sie sich hintereinander stellen und jeder dem Vordermann die Hände auf die Schultern legt. Alle anderen Mitspieler stellen sich in weitem Kreis um den Drachen herum auf. Ziel der Kreisspieler ist es, den Drachen am Schwanz zu treffen, also den letzten Drachenspieler mit dem Ball abzuwerfen. Damit dies den Kreisspielern nicht gelingt, muss sich der Drachenkopf, also der vorderste der Drachenspieler, so drehen und wenden, dass die Kreisspieler den Drachenschwanz nicht erwischen. Die Drachenspieler dürfen sich dabei nicht loslassen! Gelingt es den Kreisspielern doch, den Drachenschwanz zu treffen, darf der glückliche Werfer der neue Drachenkopf sein, der abgeworfene Drachenschwanzspieler geht zurück in den Kreis.

Turmball   ab 5 Jahren

Material: *3 bis 5 Stöcke (je ca. 1 m lang), pro Spieler ein kleiner Softball*

Die Stöcke werden zu einem Turm zusammengestellt. Der Turmwächter, der den Turm bewachen und verteidigen muss, wird durch einen Abzählreim bestimmt.
Die restlichen Spieler sind die Angreifer, die mit ihren Softbällen versuchen, im Turm zu landen oder den Turm zu zerstören. In die Nähe des Turmes dürfen die Angreifer nicht kommen (evtl. einen Kreis von ca. 1,5 Meter Durchmesser um den Turm herum markieren).
Als erfolgreicher Angriff gilt, wenn der Ball innerhalb der von den Stöcken begrenzten Fläche aufkommt oder wenn der Turm zusammenbricht. Gesucht wird der beste Turmwächter.

Ball der Tiere   ab 5 Jahren

Material: *1 Softball oder Kissen*

Alle, die mitspielen, setzen oder stellen sich im Kreis auf. Nun wird ein Softball oder Kissen möglichst einem gegenüberstehenden Spieler zugeworfen und dazu ein Tiername gesagt.

Variante: Am Anfang denken sich alle gemeinsam ein Thema aus, z. B. „Bauernhof". Der erste Fänger sagt dann vielleicht „Trecker", der nächste „Stall" und so weiter.

Flipper   ab 6 Jahren

Material: *1 mittelgroßer Softball*

Die Spieler bilden einen Kreis, mit dem Rücken zur Kreismitte. Sie grätschen die Beine und beugen den Oberkörper nach vorn, so dass sie kopfüber in die Kreismitte schauen. Dort steht ein Spieler mit einem Softball und versucht, mit den Füßen den Ball zwischen den Beinen der anderen Spieler nach außen zu spielen. Die Spieler im Außenkreis dürfen den Ball mit den Händen abwehren. Gelingt es dem Spieler, den Ball durch die Beine eines Mitspielers zu schießen, geht derjenige in den Kreis, der den Ball durchgelassen hat.

Jägerball   ab 6 Jahren

Material: *4 Bälle*

Vier Spieler werden als Jäger ausgewählt. Jeder von ihnen erhält einen Ball. Die Jäger dürfen mit dem Ball laufen und die übrigen Spieler, die Hasen, abwerfen. Wer abgeworfen wird, muss mit gegrätschten Beinen warten, bis ein anderer Mitspieler/Hase hindurchkriecht und ihn befreit, dann kann er weiterspielen. Gelingt es einem Hasen, den Ball zu fangen, wird er zum Jäger.

Rätselball   ab 6 Jahren

Material: *1 Ball*

Die Spieler stehen im Kreis. Einer von ihnen stellt sich mit dem Ball in die Mitte. Er denkt sich eine Zahl zwischen 1 und 10 aus und behält sie im Kopf. Dann wirft er den Ball jemandem im Kreis zu. Derjenige, der den Ball fängt, sagt eine Zahl und wirft den Ball zur Mitte zurück. Ist die Zahl höher oder niedriger als die ausgedachte Zahl, wirft der Spieler in der Mitte den Ball erneut jemand anderem im Kreis zu. Wer die richtige Zahl errät, darf selbst in die Mitte gehen und sich eine Zahl ausdenken.

Schweinchen   ab 6 Jahren

Es wird mit mindestens drei Personen gespielt. Zwei Spieler stehen außen, ein Spieler steht in der Mitte. Die äußeren Mitspieler werfen sich nun immer wieder den Ball zu. Das „Schweinchen", also das Kind in der Mitte, muss versuchen, den Ball zu fangen. Es ist verboten, den Ball aus der Hand zu schlagen oder die anderen Spieler zu berühren.
Hat das Schweinchen den Ball bekommen, tauscht es die Rolle mit dem Spieler, der den Ballverlust verursacht hat.

Hüpfspiele

... sind dynamische Bewegungsspiele, bei denen vorwiegend mit einem auf den Boden gemalten oder geritzten Diagramm nach bestimmten Spielregeln gehüpft oder gesprungen wird. In den Bewegungsformen Hüpfen und Springen äußert sich die Bewegungsfreude des Kindes besonders stark. Aus dem gehüpften Nachstellschritt, wie ihn Zwei- bis Dreijährige probieren, entwickelt sich das Hüpfen auf einem Bein, das die Kinder erst bei gut ausgebildeter Beinkraft und Balance beherrschen. Das Überspringen von Hindernissen wie z. B. markierte Spielfelder erfordert darüber hinaus die Fähigkeit zielgerichteter Bewegung und einen bereits stärker entwickelten Ehrgeiz.

Förderbereiche: Sprungkraft, Elastizität, Koordinationsvermögen, Raum-Lage-Gefühl, Gleichgewichtssinn, Regelverständnis, Leistungsbereitschaft

Einsatzmöglichkeiten: situativ, als Element einer Bewegungsgeschichte oder in einer Spielkette

Methodische Hinweise: Die Spielregeln müssen jeweils an die motorischen Kompetenzen der Spielteilnehmer angepasst werden. Auch situative Abwandlungen sind möglich, ebenso sollten Vorschläge der Kinder berücksichtigt werden. Die Spielregeln prägen sich den Mitspielern am leichtesten durch Vormachen und/oder gleichzeitiges Mitmachen ein.

Grashüpfer ab 3 Jahren

Material: *Kreide*

Auf den Boden Kreise mit einem Durchmesser von etwa 50 Zentimeter zeichnen (die Kreise sind unregelmäßig verteilt, liegen aber nur 30 bis 50 Zentimeter auseinander).

Nun hüpfen der Reihe nach alle Kinder mit beiden Beinen von einem Kreis zum anderen. Sie dürfen dabei den Rand der Kreise nicht berühren.

Variante: Bei älteren Kindern können auch Punkte vergeben werden, z. B. ohne den Rand zu berühren = 5 Punkte, den Rand berührt = 1 Punkt. Gewonnen hat, wer nach 10 oder 20 Runden die meisten Punkte hat.

Vogel aus dem Nest   ab 4 Jahren

Material: *Kreide*

Alle Kinder stehen als „Vögel" in einem großen Kreis, sie halten jeweils zwei bis drei Schritte Abstand voneinander. Jetzt zieht jeder „Vogel" um seine Füße mit einem Stock oder einem Stück Kreide einen kleinen Kreis – sein „Nest". Dann wird abgezählt, wer aus seinem kleinen Nest in die Kreismitte gehen muss, somit wird sein Nest leer. Sobald der ausgezählte Vogel sein Nest verlassen hat, springt sein ehemaliger Vogelnachbar in das leere Nest. Und so hüpfen alle Vögel so schnell wie möglich in die immer wieder leer gewordenen Nester. Der Vogel in der Kreismitte muss nun versuchen, sich ein leeres Nest zurückzuerobern. Schafft er es, muss der Vogel in die Mitte, der nicht schnell genug war.

Schustertreppe   ab 4 Jahren

Material: *Kreide*

Auf den Boden wird eine große, breite Schnecke gezeichnet. Am Ende der Schnecke befindet sich ein „Klingelknopf". Ein Spieler spielt den Schuster und steht in der Mitte der Schnecke. Ein anderer Spieler ist der Kunde und geht zum Schneckeneingang und klingelt (pantomimisch). Der Schuster hüpft zum Ausgang der Schnecke.

Schuster: „Was kann ich für Sie tun?"
Kunde: „Ich brauche ein paar neue Schuhe."

Beide Kinder gehen in die Schnecke und der Schuster zeichnet einen groben Fußumriss des Kunden auf den Boden.

Kunde: „Wie viel muss ich bezahlen?"
Schuster: „10 Euro."
Kunde ruft: „Hab ich nicht!"

Er dreht sich um und läuft so schnell wie möglich zum Schneckenausgang. Der Schuster läuft hinterher und versucht ihn zu fangen. Beide dürfen nicht auf die Ränder der Felder treten. Fängt der Schuster den Kunden noch vor dem Ausgang, ist der Kunde in der nächsten Runde der Schuster. Erreicht der Schuster ihn nicht, so spielt er nochmals den Schuster.

Wörter hüpfen   ab 5 Jahren

Material: *Kreide, pro Spieler 1 Hüpfstein*

Einen großen Kreis aufmalen und in acht „Tortenstücke" teilen. Jedes Tortenstück wird einem Begriffsfeld zugeordnet, z. B. Tiere, Pflanzen, Fahrzeuge, Spielzeuge, Berufe, Farben, Körperteile, Lieblingsgerichte o. Ä. Jeweils ein entsprechendes Bild aufmalen. Der erste Spieler wirft nun einen Stein in eines der Felder. Bevor er loshüpfen darf, muss er ein Wort nennen, das in das Begriffsfeld passt. Hat er mit seinem Stein in das Feld „Tiere" getroffen, nennt er ein Tier, z. B. Elefant, dann erst darf er loshüpfen. Wenn er das ohne Fehler geschafft hat, darf er den Stein in ein anderes Feld werfen. Wenn der Spieler durch alle Felder gehüpft ist, ist der nächste an der Reihe

Variante: Bei älteren Kindern werden die Begriffe in die Spielfelder geschrieben und die Wörter müssen immer in der alphabethischen Reihenfolge genannt werden.

Zahlen hüpfen   ab 5 Jahren

Material: *Kreide, Hüpfstein*

Ein quadratisches Hüpffeld mit 12 Feldern aufzeichnen. In die Felder die Zahlen 1 bis 9 in beliebiger Reihenfolge schreiben, in die unbeschrifteten Felder jeweils eine Sonne malen. Die Spieler hüpfen in der Reihenfolge der Zahlen in die Felder. Die eingebauten Sonnenfelder können zum Ausruhen angesprungen werden, auch beidbeinig. Wer die falsche Reihenfolge wählt oder die Linie betritt, muss eine Runde aussetzen. Die Zahlenreihe kann auch in umgekehrter Reihenfolge gehüpft werden.

Brief abschicken   ab 6 Jahren

Material: *Kreide*

Das Spiel hat seinen Namen daher, dass das obere Spielfeld aussieht wie ein aufgeklappter Briefumschlag, in dem die Zahlen 4 bis 8 stehen.
In die Felder 1, 2, 3 und 4 mit beiden Beinen hüpfen, in die Felder 5 und 6 grätschen, d. h. mit dem linken Fuß in Feld 5 und mit dem rechten Fuß in Feld 6 landen. Feld 7 und 8 werden mit beiden Beinen durchhüpft. In Feld 8 eine Drehung hüpfen und dann den ganzen Weg wieder zurück (dabei wieder in den Feldern 5 und 6 grätschen).

Varianten bzw. erweiterte Spielrunden:
- Das Spielfeld wird nur auf einem Bein durchhüpft.
- Beim Durchhüpfen der Felder wird ein Spruch aufgesagt:
  „Eins, zwei, drei, vier, fünf, sechs, sieben, wer hat denn den Brief geschrieben?"

Im Feld 8 angekommen, darf der Spieler auf dem Rückweg nicht mehr sprechen und lachen. Wer das geschafft hat (die anderen Mitspieler versuchen natürlich, den Springer zum Lachen zu bringen), der darf auf den aufgeklappten Umschlag seinen Namen schreiben.

Himmel und Hölle   ab 6 Jahren

Material: *Kreide*

... ist wohl das älteste aller Kästchenhüpfspiele. Das Startfeld ist die Erde. Dann mit beiden Beinen in die Felder 1, 2 und 3 hüpfen. In den Feldern 4 und 5 wird gegrätscht, d.h. mit dem linken Bein in Feld 4 und mit dem rechten Bein in Feld 5 landen. In Feld 6 wieder mit beiden Beinen hüpfen, in die Felder 7 und 8 grätschen und in Feld 9 wieder mit beiden Beinen hüpfen. Die Hölle darf nicht betreten werden! Daher muss das Feld übersprungen werden, um im Himmel zu landen. Hier kurz ausruhen, wenden und dann geht es wieder zurück.

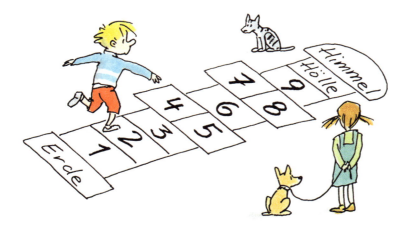

Wer beim Hüpfen auf eine Linie tritt, in die Hölle springt oder ein Feld auslässt, muss aussetzen, bis alle anderen an der Reihe waren. Er darf dann jedoch dort weitermachen, wo der Fehler passiert ist.

Varianten bzw. erweiterte Spielrunden:
- mit gekreuzten Beinen hüpfen
- auf einem Bein hüpfen
- auf einem Bein hüpfen und mit der Fußspitze ein Steinchen durch alle Felder stoßen

Paradieshüpfen   ab 6 Jahren

Material: *Kreide*

Bei diesem Spiel hüpfen die Spieler auf einem Bein durch die Felder, nur ins Paradies darf man mit beiden Beinen springen und sich ausruhen. Das Hölle-Feld ist tabu. Start ist beim Feld 1, dann geht es in die 2, die 3 – das Feld 4, die Hölle, darf nicht betreten werden! – es geht also direkt in Feld 5, 6 und 7. Von dort darf man mit beiden Beinen ins Paradies hüpfen. Dort umwenden und es geht wieder zurück. Wer einen Fehler macht, also auf eine Linie tritt, in die Hölle hüpft oder ein Feld auslässt, muss aussetzen und warten, bis die anderen dran waren.

Variante: Wer einmal fehlerfrei durchgehüpft ist, springt bei der nächsten Runde mit dem anderen Bein.

Schneckenkönig   ab 6 Jahren

Material: *Kreide*

Wer Schneckenkönig werden will, hat es nicht leicht, denn es kann schnell vorkommen, dass man einmal auf einen Strich tritt. Der Spieler hüpft mit beiden Beinen vom Start bis in die Mitte und wieder zurück. Wer einen Fehler macht, also auf eine Linie tritt, muss aussetzen und warten, bis die anderen dran waren.

Varianten bzw. erweiterte Spielrunden:
- Bei den nächsten Runden wird erst auf dem rechten und dann auf dem linken Bein gehüpft.
- Einen flachen Stein (er sollte möglichst nicht wegkullern) als Spielstein auswählen. Vom Start aus den Stein ins erste Feld werfen. Dieses Feld wird auf einem Bein übersprungen. Weiter geht's beidbeinig. Auf dem Rückweg vom zweiten Feld aus den Stein aufheben und das erste Feld mit einem Bein überspringen. In der nächsten Runde wird der Stein in das zweite Feld geworfen, das einbeinig übersprungen werden muss – so geht es weiter, bis in alle Felder geworfen wurde.

Wer es geschafft hat, alle Runden ohne Fehler zu durchhüpfen, darf sich ein Feld aussuchen und es anmalen. Es wird so lange gespielt, bis alle Felder besetzt sind. Wer die meisten Felder besitzt, ist „Schneckenkönig".

Storch schnappt Frösche ab 6 Jahren

Material: *12–15 kleine Steine oder Muscheln oder Eicheln*

Die Steine in einer langen Reihe hintereinander auslegen, etwa einen Schritt voneinander entfernt. Der erste Spieler hüpft auf einem Bein wie ein Storch die Steinreihe so entlang, dass er mit jedem Hüpfer ein Steinchen überspringt. Ist er am Ende der Reihe angelangt ohne einen Fehler zu machen, dreht er sich um – auf einem Bein – und hebt das letzte Steinchen auf. Er hat sozusagen einen *Frosch* geschnappt und hüpft zum Ausgangspunkt zurück. Dort legt er seine Beute ab. Erst wenn er einen Fehler begeht – das heißt beim Hüpfen einen Stein berührt, mit dem erhobenen Fuß auf den Boden kommt, den geholten Stein fallen lässt oder zweimal in denselben Zwischenraum springt – werden die Frösche in die Reihe zurückgelegt und der nächste Spieler ist dran. Nachdem alle Mitspieler an der Reihe gewesen sind, wird verglichen, wer die meisten Frösche einsammeln konnte.

Variante: Barfuß hüpfen und den Frosch mit den Zehen greifen.

Vierer-Hüpfen ab 6 Jahren

Material: *Kreide*

Das Spielfeld aufzeichnen. Mit beiden Beinen in Feld 1 springen. Dann in die Felder 2 und 3 grätschen – also mit dem linken Fuß in Feld 1 und mit dem rechten Fuß in Feld 3 landen. In Feld 4 wieder mit beiden Beinen hineinspringen. Dort umdrehen und in die Felder 2 und 3 grätschen, dann mit beiden Beinen in Feld 1. Die Linien dürfen nicht berührt werden!

Varianten bzw. weitere Spielrunden:
- Wie oben beschrieben beginnen. Dann aber in Feld 4 nicht umdrehen, sondern rückwärts in die Felder 2 und 3 grätschen und rückwärts mit beiden Beinen in Feld 1 landen. Auch beim Rückwärtshüpfen dürfen die Linien nicht berührt werden!
- Alle Felder auf einem Bein durchhüpfen. In Feld 4 im Sprung drehen und zurückhüpfen.
- Wie oben beginnen, aber keine Drehung in Feld 4, sondern rückwärts auf einem Bein zurückhüpfen.

Wassergraben   ab 6 Jahren

Material: *Kreide, pro Spieler 1 Spielstein*

Das Spielfeld mit Kreide auf den Boden aufzeichnen. Der erste Spieler wirft seinen Spielstein in das erste Feld, hüpft auf einem Bein hinterher und versucht den Stein mit dem Fuß in das nächste Feld zu kicken usw. Zwischen den 14 Feldern liegt ein „Wassergraben", der nicht betreten werden darf. Die Felder 4, 9 und 12 sind besonders markiert – hier kann man einen Moment Pause machen.

Die Linien dürfen nicht berührt werden – weder vom Fuß beim Hüpfen und auch der Spielstein darf nicht auf einer Linie landen. Macht der Spieler einen Fehler, muss er aussetzen und der nächste ist an der Reihe. Wer einen Fehler gemacht hat, kann in der nächsten Runde dort wieder beginnen, wo er ausgeschieden ist.

Kniereiterspiele

… sind ritualisierte Kommunikationsspiele, bei denen die Bewegung im Vordergrund steht und der Reim die „Spielregel" vorgibt. Im Wechselspiel zwischen Spannung und Entspannung erzeugt der enge Körperkontakt zwischen Kind und Erwachsenem eine Atmosphäre der Geborgenheit und des Vertrauens.

Förderbereiche: Sinneswahrnehmung im taktilen, auditiven, kinästhetischen und vestibulären Bereich; soziale Interaktion und Kommunikation; Sing- und Sprechfreude; rhythmische Bewegungsfreude

Einsatzmöglichkeiten: situativ, flexibel

Methodische Hinweise: Text und Melodie frei sprechen bzw. singen und passend dazu die rhythmischen Bewegungen ausführen. Blickkontakt mit dem Kind halten. Deutlich sprechen, dabei Tonhöhe und Lautstärke variieren. Ein Kniereiterspiel mehrfach hintereinander durchführen – Kinder lieben Wiederholungen!

Das Tuck-Tuck-Auto   ab 1 Jahr

(Sprechen:)
Alles einsteigen, Türen schließen,
anschnallen, Schlüssel rumdrehen,
brumm, brumm!
(Nach einer einfachen Melodie singen:)
Das Auto fährt tuck, tuck,
das Auto fährt tuck, tuck.
Das Auto fährt, das Auto fährt,
das Auto fährt tuck, tuck.
Erst langsam wie 'ne Schnecke,
dann saust es um die Ecke.
Das Auto fährt, das Auto fährt,
das Auto fährt tuck, tuck.

Die Bezugsperson setzt das Kind auf den Schoß und führt die im Text angegebenen Bewegungen aus.

Ab „Das Auto fährt …" die Knie im Rhythmus des Verses auf und ab bewegen, sodass das Kind auf dem Schoß hin und her hüpft. Zum Schluss immer schneller werden.

Fährt ein Schifflein   ab 1 Jahr

Fährt ein Schifflein übern See,
wackelt's hin und wackelt's her.
Kommt ein starker Sturm,
wirft das Schifflein um.

*Die Bezugsperson
hält das Kind auf dem Schoß,
spricht den Vers und bewegt die Knie
sanft auf und ab, dann schneller werden.
Bei „wirft das Schifflein um" mit dem
Kind zur Seite neigen.*

Frau Wolkenkratz   ab 1 Jahr

Frau (Herr) Wolkenkratz
tut einen Satz,
mit viel Schwung
den großen Sprung
auf einem Schimmel,
hooooch in den Himmel.

*Die Bezugsperson hält das Kind auf
dem Schoß, spricht den Vers und springt
abschließend gemeinsam mit dem Kind
in die Höhe.*

Herr Hoppehöpper   ab 1 Jahr

Herr (Frau) Hoppehöpper
macht 'nen Köpper
von meinem Schoß.
Pass auf, es geht los!

*Das Kind sitzt breitbeinig auf dem Schoß
der Bezugsperson. An den Händen
festhalten, nach hinten fallen lassen und
wieder hochziehen.*

Hoppe, hoppe Reiter   ab 1 Jahr

Hoppe, hoppe, Reiter,
wenn er fällt, dann schreit er.
Fällt er in den Graben,
fressen ihn die Raben,
fällt er in das grüne Gras,
macht er sich die Hosen nass,
fällt er in den Sumpf,
dann macht der Reiter plumps!

*Das Kind sitzt breitbeinig auf dem Schoß
der Bezugsperson. Den Vers nach einer
einfachen, rhythmischen Melodie singen
und dabei die Knie auf und ab bewegen.
Bei „Plumps" die Knie öffnen und das
Kind vorsichtig nach unten gleiten lassen.*

Hopp, hopp, hopp   ab 1 Jahr
(Musik: Karl Gottlieb Hering, Text: Karl Hahn, 1807)

2. Tipp, tipp, tapp!
Wirf mich ja nicht ab!
Zähme deine wilden Triebe,
Pferdchen, tu's mir ja zuliebe,
tipp, tipp, tipp, tipp, tapp,
wirf mich nur nicht ab!

3. Brr, brr, he!
Steh, mein Pferdchen steh!
Sollst noch heute weiter springen,
muss dir nur erst Futter bringen,
brr, brr, brr, he,
steh, mein Pferdchen, steh!

Die Bezugsperson setzt das Kind breitbeinig auf den Schoß, singt und führt passende rhythmische Bewegungen zum Text aus.

Ist ein Mann in Brunnen gefallen   ab 1 Jahr

Ist ein Mann in Brunnen gefallen,
hab' ihn hören plumpsen,
hätt' ich ihn nicht rausgeholt,
wäre er ertrunken.

Das Kind sitzt breitbeinig auf dem Schoß der Bezugsperson und wird an den Händen festgehalten. Den Vers rhythmisch sprechen und die Knie auf und ab bewegen. Bei „plumpsen" die Knie öffnen, das Kind auffangen, langsam wieder heraufholen und auf die Knie setzen.

Lauf- und Fangspiele

... gehören zu den Bewegungsspielen, bei denen ein oder mehrere Fänger oder Jäger andere Mitspieler durch eine Berührung fassen müssen. Zu Beginn der Lauf- und Fangspiele wird meist mittels eines Abzählreims (siehe S. 118 f.) die Gruppe eingeteilt oder festgelegt, wer zuerst Fänger sein muss.
Jüngere Kinder sind noch nicht in der Lage, ohne Anleitung eines erwachsenen Spielleiters ein Lauf- und Fangspiel mit festgelegten Regeln im Wettbewerb zu spielen. Die hier vorgestellten Spiele gehören zu den einfachen Lauf- und Fangspielen, bei denen das Spielende von den Mitspielern abhängt und weder durch Punktgewinn noch durch Zeitvorgaben eingeschränkt wird.

Förderbereiche: Ausdauer, Bewegungsfreude, Körperwahrnehmung, Körpergeschicklichkeit, Koordination, Kooperationsfähigkeit, Regelverständnis, Reaktionsfähigkeit, räumliche Orientierung, Stärkung der Sozialbeziehungen und des Selbstvertrauens

Einsatzmöglichkeiten: zum Aufwärmen oder als Abschluss einer Bewegungsstunde; situativ, als Element einer Bewegungsgeschichte; zur Auflockerung bzw. als Ausgleich nach bewegungsarmen Spielphasen

Methodische Hinweise: Die Spielleitung gibt Hilfestellung zur Gruppenbildung und zum Spielstart. Die Spielregeln können durch Vormachen oder gleichzeitiges Mitmachen verdeutlicht werden. Es sollte Raum bleiben für die situative Abwandlung von Spielregeln, auch durch die Mitspieler. Alle Spieler nehmen freiwillig teil. Spieler, die in einer Spielrunde evtl. ausscheiden, haben die Möglichkeit, in der folgenden Runde wieder aktiv mitzumachen. Einzelne Gewinner oder Siegergruppen sollten nicht herausgestellt werden.
Alle Spiele sind beliebig oft wiederholbar.

Bäumchen, Bäumchen, wechsel dich   ab 4 Jahren

Bis auf einen Spieler wird für jeden Mitspieler ein Platz (Baum oder Reifen) zugewiesen. Der Spieler ohne Baum steht in der Mitte und ruft: „Bäumchen, Bäumchen, wechsel dich!" Nach diesem Kommando wechseln alle Spieler rasch ihre Plätze. Der Spieler in der Mitte läuft ebenfalls los und versucht einen Platz zu bekommen. Der jeweils ohne „Bäumchen" gebliebene Spieler muss nun in die Mitte und das Spiel in beschriebener Weise fortsetzen. Das Spiel endet, wenn niemand mehr Lust hat, zu laufen.

Elefanten-Fangen   ab 4 Jahren

Ein Mitspieler ist der Elefant. Mit der linken Hand fasst er seine Nase, steckt den rechten Arm durch die Armbeuge und versucht mit seinem „Rüssel" andere abzuschlagen, die dann ebenfalls zu Elefanten werden und abschlagen.

Ist Mäuschen zu Haus?   ab 4 Jahren

Die Spieler stehen im Kreis und fassen sich an den Händen. Ein Kind steht als Maus in der Mitte, ein weiteres steht als Katze am Außenkreis. Die Katze muss die Maus fangen. Die Maus darf überall hindurchschlüpfen, die Katze darf aber nur durch eine offene Lücke im Kreis herein oder heraus. Das Spiel beginnt, indem die Katze zu einzelnen Spielern geht und fragt: „Guten Tag, ist Mäuschen zu Haus?" Darauf können die Mitspieler ihre Antworten wählen, z. B. „Ja, Mäuschen putzt sich gerade die Zähne," oder „Ja, Mäuschen zieht sich gerade die Schuhe an." Die Maus im Innenkreis führt in der Zeit die angegebenen Bewegungen pantomimisch aus. Das Fangen der Maus beginnt erst dann, wenn ein Mitspieler antwortet: „Nein, Mäuschen ist gerade aus dem Haus gegangen!"

Klammeraffendieb   ab 4 Jahren

Material: *Wäscheklammern (eine Klammer weniger als Mitspieler)*

Bei dieser Fangspielvariation hat jeder Mitspieler eine Wäscheklammer am Ärmel befestigt. Der Fänger hat keine Klammer und „klaut" sich eine von einem anderen „Affen" und dieser ist dann der Fänger.

Schweine fangen   ab 4 Jahren

Material: *pro Spieler eine Papierspirale oder ein Wollfaden*

Alle Mitspieler bekommen eine kleine Papierspirale (Luftschlange) oder einen Wollfaden, den sie sich in den rückwärtigen Hosenbund stecken. Jeder versucht nun, so viele „Schweineschwänzchen" wie möglich zu erhaschen.

Kleiner Drache, schläfst du noch?   ab 4 Jahren

Material: *1 Tuch oder 1 Stuhl*

Ein Mitspieler sitzt als Drache unter einem Tuch oder einem Stuhl. Die anderen stehen davor und rufen:

Alle:	Kleiner Drache, schläfst du noch?
Kleiner Drache:	Ja!
Alle:	Wie lange denn?
Kleiner Drache:	Bis drei Uhr!

Nach dem Zählen der Uhrzeit kommt der Drache heraus und fängt einen Mitspieler, der nun den Drachen spielt.

Variante: Die gefangenen Mitspieler werden auch zu Drachen und fangen in den nächsten Spielrunden mit.

Lawinen-Fangen   ab 5 Jahren

Alle laufen. Ein Spieler ist der Fänger. Hat er einen Mitspieler berührt, wird dieser ebenfalls zum Fänger, so dass die Gruppe der Fänger immer größer wird.

Brücken-Fangen   ab 5 Jahren

Zunächst wird ein Fänger ermittelt, der hinter den Spielern herjagt. Ein Spieler, der abgeschlagen wird, bleibt stehen und grätscht die Beine zu einer kleinen Brücke. Kriecht ein anderer Spieler durch diese Brücke hindurch, so kann er befreit werden und wieder aktiv ins Spiel kommen.

Hilfe-Fangen   ab 5 Jahren

Zunächst wird ein Fänger ermittelt, der hinter den Spielern herjagt. Ein Spieler, der fürchten muss, abgeschlagen zu werden, ruft schnell: „Hilfe!", worauf ihm ein Mitspieler zur Rettung beide Hände reichen muss. Gelingt das nicht, wird der abgeschlagene Spieler ebenfalls zum Fänger.

Fischer, wie tief ist das Wasser?   ab 5 Jahren

Alle Spieler stehen auf der einen, der Fischer auf der gegenüberliegenden Seite. Die Spieler rufen dem Fischer zu: „Fischer, wie tief ist das Wasser?" Worauf der Fischer eine bestimmte Wassertiefe nennt, um dann wiederum von den anderen gefragt zu werden: „Wie kommt man darüber?" Je nach Antwort, z. B. auf einem Bein hüpfen, rückwärts gehen o. Ä., laufen alle los und der Fischer muss in derselben Gangart versuchen, so viele wie möglich zu fangen. Alle, die er gefangen hat, helfen ihm in der nächsten Spielrunde beim Fangen.

Fischer, Fischer wie weht deine Fahne?   ab 5 Jahren

Die Spieler stehen nebeneinander am Spielfeldrand, während der Fischer in etwa zehn Meter Entfernung den Spielern gegenüber steht. Die Spieler rufen: „Fischer, Fischer wie weht deine Fahne?" Der Fischer antwortet: „Rot, blau..." Spieler, die die genannte Farbe an ihrer Kleidung haben, dürfen zur gegenüberliegenden Seite gehen, die anderen versucht der Fischer zu fangen. In der nächsten Spielrunde helfen die gefangenen Spieler dem Fischer.

Fuchs, Fuchs, wie viel Uhr ist es? ab 5 Jahren

Die Spieler ermitteln einen Fuchs als Fänger. Der Fuchs versteckt sich hinter einem Busch o. Ä. Die anderen Spieler sind die Hühnchen, die auf der gegenüberliegenden Spielfeldseite stehen. Die Hühnchen rufen: „Fuchs, Fuchs, wie viel Uhr ist es?" Worauf der Fuchs z. B. antwortet: „Acht Uhr!". Diese Schrittzahl bewegen sich die Mitspieler nach vorne. Glaubt der Fuchs, er könne nun einige Hühner fangen, so antwortet er auf die nächste Frage: „Frühstückszeit!" und versucht, die Mitspieler abzuklatschen. Wer gefangen wurde, hilft dem Fuchs in der nächsten Runde.

Wer hat Angst vorm großen Bär? ab 5 Jahren

Auf der einen Seite des Spielfeldes steht der „große Bär", ihm gegenüber auf der anderen Spielfeldseite die übrigen Mitspieler, die folgenden Dialog führen:

„Großer Bär":	*Wer hat Angst vorm großen Bär?*
Spieler:	*Niemand!*
„Großer Bär":	*Wenn er aber kommt?*
Spieler:	*Dann laufen wir!*

Darauf versuchen alle Spieler die gegenüberliegende Seite zu erreichen, während der „große Bär" einen Spieler abschlagen muss. Gelingt ihm dies, so werden sie zu Helfern, bis nur noch ein Spieler übrig bleibt, der in der nächsten Spielrunde zum „großen Bär" wird.

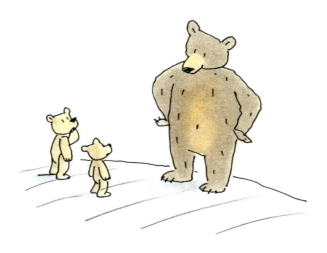

Meister, könn'n wir Arbeit kriegen?   ab 5 Jahren

Der Meister und die Handwerker stehen sich an den entgegengesetzten Seiten des Spielfeldes gegenüber. Die Handwerker verabreden gemeinsam eine Tätigkeit, die sie mit einer typischen pantomimischen Geste darstellen können. Daraufhin gehen sie nebeneinander in einer Reihe zu dem Meister und fragen: „Meister, könn'n wir Arbeit kriegen?" Der Meister antwortet: „Faulpelze seid ihr!" Darauf die Handwerker: „Tüchtige Leut'!" Der Meister fordert die Handwerker auf: „Dann zeigt, was ihr könnt!", woraufhin die Handwerker ihre verabredete Tätigkeit pantomimisch demonstrieren. Hat der Meister die Tätigkeit richtig erraten, läuft er los, um einen Handwerker zu fangen, während alle Handwerker versuchen, die gegenüberliegende Seite des Spielfeldes zu erreichen. Ist ein Handwerker gefangen, kann er in der nächsten Spielrunde die Rolle des Meisters übernehmen oder gemeinsam mit dem Meister fangen.

Mutter, Mutter, wie weit darf ich reisen?   ab 5 Jahren

Alle Mitspieler stehen in einer Reihe nebeneinander. Etwa zehn Meter gegenüber an einer Wand steht die Mutter mit dem Rücken zu den Spielern. Nacheinander fragen nun die Spieler: „Mutter, Mutter, wie weit darf ich reisen?" Worauf die Mutter z. B. antwortet: „Nach Amerika!", darauf der Spieler: „Mit welchen Schritten?". Die Mutter nennt dann die Zahl und die Art der Schritte, z. B. Mäuse- oder Elefantenschritte. Im Laufe des Spiels verliert die Mutter die Übersicht über die Position der Mitspieler, da sie keinen Blickkontakt aufnehmen darf. Wer die Mutter als Erster erreicht, darf in der nächsten Spielrunde Mutter sein.

Plumpsack oder Der Fuchs geht um

Material: *ein Säckchen oder geknotetes Tuch*

Die Spieler stehen im Kreis. Ein Mitspieler, der *Plumpsack,* läuft um den Außenkreis herum, wobei folgender Reim in einem Leierrhythmus gesungen wird:

„Dreht euch nicht um,
der Plumpsack geht um.
Wer sich umdreht oder lacht,
kriegt den Buckel blau gemacht.
Dreht euch nicht um,
der Plumpsack geht um."

Der Plumpsack lässt hinter einem Mitspieler ein Säckchen oder Tuch fallen. Falls dieser das bemerkt, springt er schnell auf und versucht den Plumpsack einzuholen. Dieser läuft allerdings so schnell er kann um die Stehenden und versucht sich an den Platz des Fängers zu stellen. Gelingt ihm dies, so wird der Fänger zum Plumpsack. Wird er dagegen eingeholt, so muss er sich unter dem Ruf der Spieler: „1,2,3 ins faule Ei!" in die Mitte des Kreises setzen und warten, bis ihn ein anderer ablöst.

Popcorn-Fangen   ab 5 Jahren

In einem kleinen Spielfeld („Pfanne") hüpfen alle Mitspieler als „Popcorn" umher. Berührt der Fänger mit seinem Körper einen anderen Spieler, bleibt dieser an ihm kleben. Beide versuchen nun gemeinsam andere Mitspieler zu berühren, so dass zum Schluss alle miteinander verbunden sind und hüpfen.

Eins, zwei, drei – letztes Paar vorbei!   ab 6 Jahren

Die Spieler stehen paarweise in einer Schlange hintereinander. Davor, mit dem Rücken zu den Spielern, steht der Rufer. Er klatscht und ruft: „Eins, zwei, drei, letztes Paar vorbei!" Darauf läuft das letzte Paar auseinander, rechts und links an der Schlange entlang und versucht sich vorne wieder anzufassen. Der Rufer muss dabei einen der beiden Mitspieler fangen, der dann in der nächsten Spielrunde der neue Rufer wird.

Hase im Kohl   ab 6 Jahren

Jeweils drei Spieler bilden eine Gruppe. Zwei davon bilden den Kohl, indem sie sich gegenüberstellen und sich anfassen, während der dritte Spieler als Hase in der Mitte steht. Mehrere solcher Dreiergruppen verteilen sich im Raum. Aus der Gruppe wird ein Jäger bestimmt. Der Jäger versucht nun einen Hasen zu fangen. Sobald er an eine Gruppe kommt, öffnet sich der „Kohl" und der „Hase" läuft heraus. Läuft er zu spät weg und wird vom Jäger gefasst, wechseln die Rollen.

Hexe, Hexe, was kochst du heute?   ab 6 Jahren

Auf den Ruf der Gruppe „Hexe, Hexe, was kochst du heute?" antwortet der Fänger (Hexe) mit dem Namen einer Hexenspeise, z. B.: *Spinnenbeine*. Die Spieler gehen nun die Silbenanzahl in Schritten auf die Hexe zu, die in einem begrenzten Spielfeld auf der anderen Seite steht. Antwortet diese irgendwann: „Kleine Kinder!", beginnt das Fangspiel. Die Abgeschlagenen helfen der Hexe in der nächsten Runde.

Ketten-Fangen   ab 6 Jahren

Es werden vier Fänger ausgewählt, die sich jeweils zu zweit an den Händen fassen müssen. Beide „Pärchen" versuchen nun, die anderen Mitspieler abzuschlagen, ohne dabei den eigenen Partner zu verlieren. Ein abgeschlagener Spieler wird drittes Glied einer Fangkette. Gehören vier Spieler zu einer Kette, dürfen sich die Fänger in zwei getrennte Fangketten aufteilen. Die vier Spieler, die als letzte abgeschlagen werden, haben das Spiel gewonnen.

Komm mit, lauf weg   ab 6 Jahren

Die Spieler stehen im Kreis. Ein Spieler läuft um den Kreis herum und schlägt einen Spieler an: „Komm mit!" Worauf beide Spieler hintereinander herlaufen. Der Spieler, der als Erster an der freigewordenen Stelle angekommen ist, bleibt dort stehen, während der andere weiterlaufen muss, um einen neuen Spieler anzuschlagen. Wird er mit dem Ruf „Lauf weg!" angeschlagen, so muss er in die entgegengesetzte Richtung laufen.

Ochs am Berge eins, zwei, drei   ab 6 Jahren

Der Ochs steht mit dem Gesicht zur Wand und mit dem Rücken zu den anderen Mitspielern, die etwa zehn Meter entfernt in einer Reihe nebeneinander stehen. Während der Ochs ruft: „Ochs am Berge eins, zwei, drei!", setzen sich die Mitspieler mit schleichenden Schritten in Bewegung. Bei „drei" dreht sich der Ochs plötzlich um. Wird ein Mitspieler in der Bewegung überrascht, muss er drei Schritte zurückgehen. Wer unbemerkt bis zum Ochsen vorkommt, ist in der nächsten Spielrunde der neue Ochs.

Schneider, leih mir die Scher'!   ab 6 Jahren

Vor dem Spiel wird der arme Schneider durch einen Abzählvers ermittelt. Die anderen Mitspieler sind die Schneider, die sich einen Baum oder ein Haus, markiert durch einen Reifen oder Kreidekreis, im Abstand von drei bis vier Metern suchen. In der Mitte steht der arme Schneider, der nun bettelnd von einem Spieler zum anderen geht: „Schneider, leih mir die Scher'!" Die Schneider antworten z. B.: „Geh zu meinem Nachbarn!" oder „Ich hab' keine!" oder „Die ist gerade beim Schleifer!" Dabei wechseln die Spieler so oft wie möglich ihre Plätze. Der arme Schneider muss versuchen, einen freien Platz zu bekommen. Gelingt es ihm, so gibt es in der nächsten Spielrunde einen neuen armen Schneider.

Windpocken-Fangen   ab 6 Jahren

Ein Fänger versucht die Spieler mit „Windpocken" anzustecken, d. h. sie anzuschlagen. Wenn ihm das gelingt, wird der Angeschlagene zum Fänger und der Fänger zum Gejagten. Der neue Fänger muss sich nun mit einer Hand an der „infizierten" (angeschlagenen) Körperstelle anfassen und so versuchen, die anderen anzuschlagen.

Seilspiele

... können von einem oder mehreren Kindern gespielt werden. Allein wird in jeder Hand das Ende eines Seils gehalten, das bis zu den Fußknöcheln hinabhängt. Dann wird es von hinten über den Kopf geschwungen und auf einem oder zwei Beinen übersprungen. Diese Bewegung wiederholt sich. Spielen mehrere Kinder, schwingen zwei das lange Seil, wobei der oder die Hüpfer, ohne den Rhythmus zu stören, aus dem Seil heraus- und wieder hineinlaufen. Häufig wird beim Seilspringen gezählt, gesungen oder es werden Verse gesprochen.

Das Seilspringen lernen Kinder im Kindergartenalter normalerweise ganz nebenbei. Dabei müssen Einzelbewegungen zu einer Gesamtbewegung zusammengesetzt und unter möglicherweise verschiedenen körperlichen Voraussetzungen koordiniert werden.

Förderbereiche: Sprungkraft, Elastizität, Koordinationsvermögen, Freude an der Bewegung, Ausdauer, Leistungsbereitschaft, Gleichgewichtssinn, Rhythmusgefühl, Spannungsausgleich

Einsatzmöglichkeiten: situativ, als Element einer Bewegungsgeschichte oder Spielkette

Methodische Hinweise: Unterschiede der motorischen Entwicklung der Spielteilnehmer berücksichtigen; individuelles, freiwilliges Üben einräumen; zur Lockerung einfache Grundsprünge mehrmals wiederholen; das Seil immer aus dem Handgelenk schwingen; am besten mit Turnschuhen oder mit anderen festen Schuhen springen

Auf der grünen Wiese steht ein Karussell   ab 3 Jahren

Material: *1 Rundseil*

Das Rundseil wird von den Kindern mit der rechten Hand gefasst, der linke Arm ist nach außen gestreckt, das Seil ist straff. Die Kinder bewegen sich im Kreis im gemeinsamen Rhythmus zu dem Lied:

Auf der grü-nen Wie-se steht ein Ka-rus-sell.
Möcht so ger-ne fah-ren, a-ber nicht so schnell.
Ein-stei-gen, fest-hal-ten! Schrim-di-bum, das Ka-rus-sell geht um!
Al-le Kin-der flie-gen im Kreis her-um!

Grabensprung   ab 3 Jahren

Material: *2 Seile*

Zwei Seile liegen parallel zueinander und werden hin und her übersprungen. Nach jedem Doppelsprung wird der Graben erweitert.

Zehenseil   ab 3 Jahren

Material: *1 Schwungseil*

Das Seil liegt auf dem Boden. Die Spieler balancieren auf dem Seil, greifen es mit den (nackten) Zehen, heben es hoch, legen es wieder ab, zunächst sitzend, dann stehend.

Blinde Kuh auf dem Seil   ab 4 Jahren

Material: *1 Schwungseil, Augenbinde*

Einem Mitspieler werden die Augen verbunden. Dieser muss nun auf dem schlangenförmig ausgelegten Seil laufen. Ein Mitspieler kann Anweisungen erteilen.

Frösche im Teich   ab 4 Jahren

Material: *1 Rundseil*

Ein Rundseil wird als „Teich" auf den Boden gelegt. In dem „Teich" sitzen die „Frösche". Außerhalb des Teiches geht ein „Storch" spazieren. Auf ein Zeichen springen die Frösche mit großen Sprüngen aus dem Teich auf der „Wiese" herum. Nun beginnt der Storch zu klappern, die Frösche springen in den Teich zurück und der Storch versucht einen Frosch abzuschlagen. In der nächsten Spielrunde wird der Abgeschlagene zum Storch oder hilft ihm, Frösche zu fangen.

Schlangenschwanztreten   ab 4 Jahren

Material: *1 Springseil*

Das Seil wird von einem Spieler mit schlängelnden Bewegungen durch den Raum geführt. Alle Spieler versuchen auf den Schwanz der Schlange zu treten. Wem es gelingt, löst den Seilführer ab.

Schuhkreisel   ab 4 Jahren

Material: *1 Springseil, 1 alter Schuh*

In der Mitte steht ein Spieler mit dem Seil und lässt es ungefähr in Höhe des Fußknöchels über dem Boden kreisen. Er gibt auch die Höhe, das Tempo und die Sprungart vor. Als Gewicht am anderen Seilende ist ein alter Schuh gebunden. Die Springer hüpfen rechtzeitig über das ankommende Seil. Wer hängen bleibt, löst den Spieler, der das Seil kreisen lässt, ab.

Seilspringen (Solo)   ab 5 Jahren

Material: *1 Springseil aus Natur- oder Kunstfaser mit beidseitigen Holzgriffen. Die Länge ist richtig, wenn das Seil mit leicht zur Seite gestreckten Armen den Boden berührt (ca. 3 m).*

Das Seil an den Griffen halten, es liegt hinter den Füßen auf dem Boden, mit den Armen Schwung holen und das Seil von hinten über den Kopf schwingen und mit beiden Füßen darüberspringen, wenn es wieder den Boden berührt. Durch ständige Wiederholungen einen gleichmäßigen Schwung- und Sprungrhythmus finden.

Varianten:
- *Zwischenhüpfer* – Grundsprung mit einem kleinen Zwischenhüpfer.
- *Storchsprung* – auf einem Bein hüpfen.
- *Treppen steigen* – abwechselnd auf dem rechten und dem linken Bein hüpfen.
- *Seillauf* – vorwärts laufen und dabei über das Seil springen.
- *Kreuzsprung* – sobald das Seil über dem Kopf ist, die Arme vor dem Körper kreuzen und über die Schlaufe hüpfen.
- *Doppelschwung* – das Seil doppelt so schnell schwingen, so dass es bei nur einem Sprung zweimal unter den Füßen durchsaust.
- *Pendelsprung* – mit nach vorne ausgestrecktem Bein springen, mal rechts, mal links.
- *Rückwärts springen* – das Seil liegt vor den Füßen und wird nach hinten über den Kopf geschwungen. Alle oben beschriebenen Sprünge können nach einigem Üben rückwärts gesprungen werden.
- *Zwei im Seil* – Zwei Springer stehen nebeneinander und halten sich an der Hand. Mit der freien Hand hält jeder ein Seilende. Auf ein Kommando drehen beide das Seil und springen gleichzeitig. Sobald sie im gleichen Rhythmus hüpfen, können sie mit dem schwingenden Seil auch vorwärts laufen.
- *Tandemspringen* – Zwei Springer stehen einander gegenüber. Einer schwingt das Seil, beide hüpfen den Grundsprung.

Springen mit dem Schwungseil   ab 6 Jahren

Material: *1 Schwungseil*

Zwei Spieler nehmen die Enden eines langen Seiles und gehen so weit auseinander, bis das Seil beim Durchhängen gerade noch den Boden berührt. Ein weiterer Spieler geht in die Mitte. Jetzt wird das Seil geschwungen, und immer wenn es den Boden berührt, muss der Spieler darüberspringen. Dazu sagen die Spieler in Art eines leiernden Sprechgesangs einen Vers auf. Macht der Springer einen Fehler, indem er das Seil berührt oder den Sprung vertritt oder vergisst zu springen, scheidet er aus bis zur nächsten Runde oder er tauscht die Rolle mit einem Standspieler.

Varianten:
Achterbahn – Ein Spieler nach dem anderen läuft durch das Seil, um einen Seildreher herum und wieder durch das Seil, dann hinter dem anderen Seildreher zurück. Auf diese Weise läuft er eine Acht.
Zu zweit (dritt, viert, ...) durch das Seil laufen, dabei an die Hand nehmen.
Durchlaufen – Ein Spieler nach dem anderen läuft unter dem schwingenden Seil hindurch, ohne es zu berühren. Wird er vom Seil berührt, löst er einen Seildreher ab.
Teddybär, Teddybär, dreh' dich um! – Den Vers als Sprechgesang aufsagen, ein Spieler springt ein und führt die genannten Bewegungen durch. Zum Schluss springt er so viele Male wie er alt ist. Dann läuft er aus dem Seil heraus und der nächste Spieler ist an der Reihe.

Teddybär, Teddybär, dreh' dich um,
Teddybär, Teddybär, mach' dich krumm,
Teddybär, Teddybär, zeig' deinen Fuß,
Teddybär, Teddybär, heb' ein Bein,
Teddybär, Teddybär, mach' dich klein,
Teddybär, Teddybär, zeig' deinen Schuh,
Teddybär, Teddybär, wie alt bist du?
Verliebt, verlobt – Den Vers als Sprechgesang aufsagen. Am Ende muss der Springer eine Zahl nennen und diese dann hüpfen.

Verliebt, verlobt, verheiratet, geschieden.
Wie viele Kinder willst du kriegen?

Den eigenen Ideen Flügel geben

Rollenspiele

... sind in ihren Erscheinungsformen sehr vielfältig: Der Begriff Rollenspiel umfasst zum einen das Theaterspiel, wie z. B. Masken-, Figuren-, Schatten- oder Pantomimenspiel, das sich meist vor einem Publikum darstellt oder präsentiert; das Darstellende Spiel, das in Form von Fingerspielen, Kreis- und Liedspielen oder Mitmachgeschichten zum Ausdruck kommt, und das spontane Rollenspiel, eine adäquate Spielform für das Kindergartenalter, auch als Symbolspiel oder Fiktionsspiel bezeichnet.

Mit Beginn des Spracherwerbs ahmen Kinder in ihren Spielen zunächst solche Geschehnisse nach, die sie beobachtet, gehört oder erlebt haben, ohne eine direkte Rolle zu übernehmen. Zwischen dem zweiten und dritten Lebensjahr ist das Kind in der Lage, sich ein nicht vorhandenes Objekt vorstellen zu können, wobei es zunächst spontan in eine Spielrolle schlüpft. Rollenspielmaterialien wie Puppen, Stofftiere mit entsprechendem Zubehör, Küchenutensilien usw. helfen dem Kind, die Erwachsenenwelt nachzuspielen, aber auch Handlungen und Situationen der „Großen" zu bewältigen. Eigene Verhaltensweisen werden auf Puppen oder Stofftiere übertragen und im Rollenspiel lebendig.

Zwischen drei und vier Jahren ist das Kind in der Lage, sich zwischen zwei Welten zu bewegen: der realen und der fiktiven Spielwelt. Es ahmt nicht nur Personen oder Tiere aus seiner direkten Umgebung nach, sondern schlüpft auch gern in Fantasierollen.

Vor allem im darstellenden Spiel, beispielsweise bei einfachen Kreis- und Liedspielen, lassen sich die kindliche Vorstellungsfähigkeit und Fantasie gleichermaßen nutzen und fördern, da die Rollen in Bewegung dargestellt und meist mit körperlichen Mitteln zum Ausdruck gebracht werden. In dieser „Quasi-Realität" des Rollenspiels kann das Kind Verhaltensweisen ausprobieren bzw. Rollen übernehmen, die es im Alltag nur selten oder nie innehat.

Fingerspiele

... sind sensomotorische Spiele, bei denen die Finger in Verbindung mit einem Vers oder Lied eine kleine Geschichte erzählen. Die Bewegungen der Hände unterstützen die rhythmisch gesprochenen Worte, unterstreichen den Klang der Reime und veranschaulichen mitunter auch fremde, dem Kind unbekannte Begriffe.

Förderbereiche: Körperwahrnehmung; Sinneswahrnehmung im taktilen, auditiven, visuellen und kinästhetischen Bereich; verbale und nonverbale Kommunikation; Sprechfreude; Sprachverständnis; Konzentrations- und Vorstellunsvermögen; Merkfähigkeit

Einsatzmöglichkeiten: situativ: beim Essen, Baden, Wickeln u.a. Pflegemaßnahmen; zur Stimulation, Motivation, Ablenkung; zur Überbrückung von Wartezeiten; im Spielkreis (Vormachen – Nachmachen); als Einstieg (Motivation) für weitere Spielangebote

Methodische Hinweise: den Text frei sprechen; Stimme (langsam, leise, laut) und Gestik (zaghaft, forsch) unterstreichen den Textinhalt; kleine Requisiten erhöhen den Spielspaß (z. B. Gesichter aufmalen, (Finger-) Hüte aufsetzen etc.); variantenreich und wiederholt spielen

Geburtstagsfeier der Maus   ab 1 Jahr

Eine Maus geht spazieren.
Sie trifft einen Igel,
dann einen Elefanten,
zuletzt eine Schlange.
Sie lädt sie zum Geburtstag ein.
Zuerst kommt der Igel,
dann der Elefant,
zum Schluss die Schlange.
Sie feiern, lachen und tanzen.
Als sie müde werden,
gehen sie wieder nach Hause.
Zuerst der Igel, dann der Elefant
und am Ende die Schlange.

*Mit den Fingern auf dem Arm des Kindes entlang spazieren, einzelne Finger pieksen, die Faust „stampft",
die ganze Hand streicht.*

*Pieksen,
„stampfen",
streichen,
überall kitzeln.*

*Pieksen,
„stampfen", streichen.*

Zwerglein Tip-Tip-Tip   ab 1 Jahr

Immer höher Schritt für Schritt,	*Die Bezugsperson wandert mit den*
geht das Zwerglein Tip-Tip-Tip.	*Fingern über den Körper des Kindes, von*
Ruht sich eine Weile aus,	*unten nach oben,*
schaut auch in die Welt hinaus.	*verweilen,*
Kitzele, katzele, titzele, tatzele	*schnell weitergehen,*
misele, mausele, wisele, wausele.	
Jetzt kommt das Zwerglein oben an,	*am Kopf kraulen,*
wo es dich auch kraulen kann.	
Pass auf und sieh dich vor,	
jetzt kitzelt es dich hinterm Ohr.	*hinterm Ohr kitzeln.*
Doch auf einmal ri, ra rutsch –	*Mit einer schnellen Bewegung verschwin-*
ist es wieder futsch.	*det die Hand wieder.*

Die Sonnenkäferfamilie   ab 2 Jahren

1. Erst kommt der Sonnenkäferpapa; dann kommt die Sonnenkäfermama! Und hinterdrein, ganz klitzeklein, die Sonnenkäferkinderlein, und hinterdrein, ganz klitzeklein, die Sonnenkäferkinderlein.

1. Erst kommt der Sonnenkäferpapa, dann kommt die Sonnenkäfermama,
   ‖: und hinterdrein, ganz klitzeklein, die Sonnenkäferkinderlein :‖
2. Sie haben rote Röckchen an, mit kleinen schwarzen Punkten dran.
   ‖: Sie machen ihren Sonntagsgang auf unsrer Fensterbank entlang :‖
3. Sie wollen auf die Wiese gehn, wo die vielen bunten Blumen stehn.
   ‖: Sie tanzen ihren Ringelreih'n zuerst allein und dann zu zwein :‖
4. Nun soll der Tanz zu Ende sein, müde sind die kleinen Käferlein.
   ‖: Sie breiten ihre Flügel aus und fliegen ganz geschwind nach Haus :‖
5. Erst fliegt der Sonnenkäferpapa, dann fliegt die Sonnenkäfermama,
   ‖: und hinterdrein, ganz klitzeklein, die Sonnenkäferkinderlein :‖

Die Finger der rechten Hand auf dem Tisch „spazieren gehen" lassen. Daumen und Zeigefinger der rechten Hand sind „Sonnenkäferpapa" bzw. „Sonnenkäfermama". Die Finger der linken Hand sollen die „Sonnenkäferkinderlein" sein.

Flugzeug   ab 2 Jahren

Kommt ein Flugzeug angeflogen,   *Eine Hand bewegt sich als Flugzeug*
fliegt ganz hoch im hohen Bogen,   *durch die Luft,*
setzt sich auf die Erde nieder,   *landet auf einem Körperteil des Kindes,*
kreist dann in die Höhe wieder,   *bewegt sich in der Luft,*
rollt dann auf der Rollbahn aus –   *gleitet über den Arm,*
alle Leute steigen aus.   *die Finger machen „Schritte".*

Frosch und Fliege   ab 2 Jahren

Seht mal Kinder, seht mal an,   *Eine Hand bewegt sich als Fliege,*
wie die Fliege fliegen kann:
Rundherum und in die Höh',
da kommt der Frosch, quak, quak,   *die andere Hand öffnet sich als*
1, 2, 3,   *Froschmaul*
ist's mit der Fliege vorbei.   *und greift die Fliege.*

Herr Zwick und Herr Zwack   ab 2 Jahren

Herr Zwick und Herr Zwack	*Beide Daumen sind in den Fäusten,*
sind zwei Männlein im Sack.	
Herr Zwick hat einen Hut.	*erster Daumen zeigt sich,*
Herr Zwack hat einen Kranz.	*zweiter Daumen ebenso,*
So gehen sie beide zum Tanz.	*die Daumen berühren sich,*
Sie tanzen und springen	*wackeln hin und her,*
und lachen und singen,	*auf und nieder.*
doch dann sind sie müde.	*Daumen auf die Fäuste legen,*
Herr Zwick und Herr Zwack	
schlüpfen zurück in den Sack.	*Daumen zurück in die Fäuste.*

Die Mäusefamlie   ab 3 Jahren

Das ist Papa-Maus,   *Daumen zeigen.*
sieht wie alle Mäuse aus:
Hat große Ohren,   *Mit den Händen große Ohren zeigen,*
eine spitze Nase,   *Fingerspitzen beider Hände vor die Nase halten,*
ein weiches Fell   *mit der einen Hand die andere streicheln,*
und einen Schwanz,   *mit den Händen einen langen Schwanz an-*
der ist sooooooo lang.   *deuten.*

Das ist Mama-Maus   *Zeigefinger zeigen.*
...   ...
Das ist Bruder-Maus   *Mittelfinger zeigen.*
...   ...
Das ist Schwester- Maus   *Ringfinger zeigen.*
...   ...
Das ist Baby-Maus   *kleinen Finger zeigen.*
Sieht nicht wie alle Mäuse aus:
Hat kleine Ohren,
eine platte Nase
strubbeliges Fell
und einen Schwanz,
der ist so kurz.

Eine lange Schlange ab 3 Jahren

Die Kinder bilden einen Sitzkreis. Das Fingerspiel wird gesprochen oder nach einer einfachen Melodie gesungen und mit entsprechenden Bewegungen begleitet.

1. Eine lange Schlange
wird früh am Morgen wach.
Sie rekelt und sie streckt sich,
sagt allen: „Guten Tag!"
Refr.: Olalala, kss, kss, olalala, kss, kss,
olalala, kss, kss, olalala, kss.

Rechten Arm als Schlange heben, recken, strecken.

Rechten Arm links runter – kss – in die Mitte, linken Arm rechts runter – kss – in die Mitte.

2. Eine andre Schlange
kommt zufällig vorbei,
sie sieht die erste Schlange
und ruft ganz einfach: „Hei!"
Refr.: Olalala ...

Linken Arm als Schlange heben, rechten Arm anwinkeln,

wie oben.

3. Zwei lange Schlangen,
die schlängeln durch den Fluss,
sie schwimmen zum andern Ufer
und geben sich 'nen Kuss.
Refr.: Olalala ...

*Beide Arme schlängeln sich durch die Luft,
beide Hände zum Küssen zusammenführen,
wie oben.*

4. Zwei lange Schlangen,
die streiten sich auch mal,
die kratzen und die beißen sich,
bis einer schreit: „Au, au!"
Refr.: Olalala ...

Beide Arme führen streitende Bewegungen aus,

wie oben.

5. Zwei lange Schlangen,
die schmusen auch ganz gern,
und wenn sie so verschlungen sind,
dann darf man sie nicht stör'n.
Refr.: Olalala ...

Beide Arme umschlingen sich, streichelnde Bewegungen,

wie oben.

Huckelhügelland (Text: vom Wege/ Wessel)   ab 3 Jahren

Die Kinder sitzen im Kreis. Die Spielleitung spricht die Fingergeschichte und begleitet sie mit den entsprechenden Bewegungen, die Kinder sprechen und ahmen nach.

Hier im Huckelhügelland	*Handrückenknöchel beider Hände zeigen die Huckelhügel,*
seht ihr Türme Fünfe,	*Finger einer Hand hochstrecken,*
wohnen Märchenwesen drin,	
Wichtel, Zwerge, Schlümpfe.	
In dem dicken Zwiebelturm	*Daumen zeigen,*
wohnt der Wichtel Furz.	*verbal Furzgeräusch nachahmen,*
Von dem graden Zeigeturm	*Zeigefinger zeigen,*
schaut der Kobold Schnurz.	*Hand über die Augen, Ausschau halten,*
In dem Leuchtturm	*Mittelfinger zeigen,*
haust Schlumpf Schlick.	*Schluckauf nachahmen,*
In dem schönen Märchenturm	*Ringfinger zeigen,*
lebt die Zwergin Schick.	*aufstehen, sich drehen, in den Hüften wiegen,*
Und im allerkleinsten Türmchen	*kleinen Finger zeigen,*
schläft das Wichtelwürmchen.	*Kopf in die Hand legen, Schlafgestik.*

Ein kleines Stachelschwein   ab 3 Jahren

1. Ein kleines Stachelschwein,
   wollte nicht alleine sein.
   Drum lief es in die Welt,
   durch Wald und Tal und Feld.

2. Es sprach zur kleinen Katze:
   „Komm reich mir deine Tatze!"
   Die Katze sagte: „Nein,
   du piekst, du Stachelschwein."

3. Es sprach zur kleinen Maus:
   „Darf ich wohl in dein Haus?"
   Die Maus, die sagte: „Nein,
   du piekst, du Stachelschwein."

4. Es sprach zum kleinen Bär:
   „Ach, komm mal zu mir her!"
   Der Bär, der sagte: „Nein,
   du piekst du Stachelschwein."

5. Es sprach zum kleinen Reh:
   „Komm doch mit mir zum See!"
   Das Reh, das sagte: „Nein,
   du piekst, du Stachelschwein."

6. Es sprach zum Regenwurm:
   „Komm, wir bauen einen Turm!"
   Der Regenwurm sprach: „Nein,
   du piekst du Stachelschwein."

7. Es sprach zum kleinen Igel:
   „Komm, wir tanzen vor dem Spiegel!"
   Der Igel sagte: „Klar!
   Das ist doch wunderbar."

8. „Mein liebes Stachelschwein,
   wir wollen Freunde sein.
   Zieh deine Stacheln ein
   und komm zu mir herein!"

Die Kinder bilden einen Sitzkreis. Die Spielleitung spricht das Fingergedicht, begleitet von den entsprechenden Bewegungen, die Kinder sprechen und ahmen nach.

Für das Stachelschwein die Finger einer Hand spreizen, der gestreckte Daumen bildet den Kopf des Stachelschweins. Den Daumen bewegen, sobald das Stachelschwein spricht. Die Finger der zweiten, zunächst geschlossenen Hand sind die Tiere, die dem Stachelschwein begegnen. Nacheinander für jedes Tier die Finger aufstellen und die Hand verneinend bewegen. Zuletzt bildet die ganze Hand mit den abgespreizten Fingern den Igel. Stachelschwein und Igel tanzen mit den Daumen umschlungen und ziehen langsam ihre Stacheln (Finger) in die Faust, um schließlich hinter dem Körper zu verschwinden.

Zappeldinger (Text: vom Wege/ Wessel) ab 3 Jahren

Die Kinder sitzen am Esstisch. Die Spielleitung spricht den Fingerreim vor dem Essen, zeigt dabei den jeweiligen Finger, die Kinder sprechen und ahmen nach.

Kennst du diese Zappeldinger?	*Finger einer Hand hochhalten, bewegen,*
Das sind die flinken Grabschefinger.	
Erst guckt der dicke Mann,	*Daumen zeigen,*
was er wohl alles essen kann.	
Dann kommt der dünne Große,	*Zeigefinger zeigen,*
der isst nur Quatsch mit Soße.	
Und der Lange in der Mitte	*Mittelfinger zeigen,*
sagt ganz leise: „Bitte, bitte!"	
Und der feine Ringelmann	*Ringfinger zeigen,*
schaut die Leckerbissen an.	
Doch es kommt noch einer,	*kleinen Finger zeigen,*
ein besonders kleiner.	
Ruft die andern: „Packt mit an,	*Löffel in die Hand nehmen,*
dass ich den Löffel halten kann!"	
Und sieh zu, in einem Rutsch,	*mit dem Essen beginnen.*
ist das Essen futsch!	

Die kleine Seiltänzerin ab 4 Jahren

Material: *Papierschirmchen*

Ich bin eine kleine Tänzerin
und balanciere auf dem Seil.
Schwinge mein Schirmchen
und habe Spaß dabei.
||: Ja, ich tanze hübsch und fein
von einem auf das andre Bein. :||

Die Kinder halten mit Zeigefinger und Mittelfinger das Schirmchen, sprechen den Vers und agieren als Seiltänzerin auf dem eigenen Unterarm oder einer gespannten Leine.

Kreis- und Liedspiele

... sind überwiegend gespielte Lieder und Reigentänze im Kreis mit vorgegebenen Spielregeln, bei denen der Text gesungen und von Bewegungen begleitet wird. Schon zwei- bis dreijährige Kinder können bei Sing- und Liedspielen mitmachen, auch wenn ihnen die Koordination von Bewegung und Gesang anfänglich vielleicht noch Schwierigkeiten bereitet. Im Singspiel kann das Kind eigene Bewegungsideen entwickeln und Spielrollen übernehmen, muss sich aber gleichzeitig in die Gemeinschaft einfügen.

Förderbereiche: Stärkung sozialer Kontakte (Gemeinschaftserleben), der Sing- und Bewegungsfreude sowie der Merkfähigkeit (von rhythmisch-musikalischen Abläufen); Regelverständnis

Einsatzmöglichkeiten: situativ: drinnen oder draußen, als Ritual zur Begrüßung oder der Verabschiedung einer Spielgruppe; als Element eines Spielkreises bzw. einer Spielkette

Methodische Hinweise: Text, Melodie und Bewegung sollten von der Spielleitung vorgemacht werden, die Kinder ahmen nach. Kein Kind zum Mitspielen zwingen. Während des Spiels haben alle Mitspieler Blickkontakt. Bei der Spielauswahl den Entwicklungsstand der Kinder berücksichtigen. Werden mehrere Singspiele hintereinander gespielt, auf Abwechslung achten (Dynamik/unterschiedliche Formen der Beteiligung).

Ringel, Ringel, Reihe   ab 2 Jahren

1. Ringel, Ringel, Reihe,
   wir sind der Kinder dreie,
   wir sitzen unterm Holderbusch
   und machen alle husch, husch, husch.

2. Ringel, Rangel, Rosen,
   schöne Aprikosen,
   Veilchen und Vergissmeinnicht,
   alle Kinder setzen sich.

Die Spieler fassen sich an, bilden einen Kreis, singen das Lied nach der bekannten Melodie und gehen dabei in eine Richtung. Bei „wir sitzen" gehen alle in die Hocke und hüpfen „husch, husch, husch" in die Kreismitte. Nach der zweiten Strophe setzen sich alle auf den Boden.

Fixe Füße ab 2 Jahren

Die Kinder stehen im Kreis und strecken im ersten Liedteil abwechselnd den rechten und den linken Fuß vor. Im zweiten Liedteil führen sie die Fußbewegungen passend zum Text aus. Weitere Strophen können folgen.

Refrain: Zeigt her eure Füße,
was ist schon dabei,
denn was Füße können,
das ist so allerlei.

1. ‖: Sie zappeln, sie zappeln, sie zappeln den ganzen Tag. :‖
2. ‖: Sie trippeln, sie trippeln ...
3. ‖: Sie schlurfen, sie schlurfen ...
4. ‖: Sie stampfen, sie stampfen ...
5. ‖: Sie gehen, sie gehen ...

Rote Kirschen ess ich gern (Text: vom Wege/Wessel) ab 3 Jahren

Rote Kirschen ess ich gern,
Erdbeern noch viel lieber.
Birnen, Äpfel ohne Kern
schmecken immer wieder.
Seht den Apfelbaum, hier in unserm Garten.
Hängen rote Äpfel dran, woll'n nicht länger warten.
Pflück eins und zwei und drei und vier,
nur diese Äpfel wollen wir.

Die Kinder fassen sich an und gehen im Kreis. Ein Kind geht in entgegengesetzter Laufrichtung um den äußeren Kreis. Alle singen das Lied nach der traditionellen Melodie oder einer Leiermelodie. An der Textstelle „Pflück eins und zwei und drei und vier", tippt das Kind im äußeren Kreis vier Mitspieler an, wobei der vierte oder alle vier Mitspieler ihm folgen. So lange spielen, bis der innere Kreis aufgelöst ist.

Ich bin 'ne kleine Schnecke   ab 3 Jahren

Ich bin 'ne klei-ne Schne-cke und kei-ne Maus, ich rühr' mich nicht vom Fle-cke und kann nicht raus, spa-zier' hier nie-mals al-lein, es muss schon ei-ner bei mir sein. (An-na,) (An-na,) (An-na) soll es sein. Komm zu mir in den Kreis her-ein.

Alle fassen sich zu einem Kreis und gehen singend in eine Richtung. Ein Kind steht in der Kreismitte als Schnecke. Es nennt die Namen der Kinder, die zu ihm in „das Haus" kommen sollen. Diese fassen sich an und rollen sich zu einem Schneckenhaus auf. Rollentausch.

Cowboy Bill ab 4 Jahren

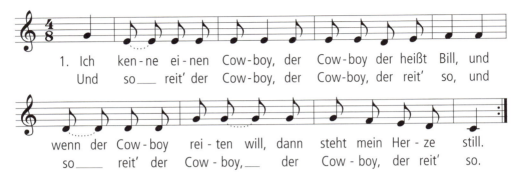

1. Ich ken-ne ei-nen Cow-boy, der Cow-boy der heißt Bill, und wenn der Cow-boy rei-ten will, dann steht mein Her-ze still.
Und so reit' der Cow-boy, der Cow-boy, der reit' so, und so reit' der Cow-boy, der Cow-boy, der reit' so.

Die Mitspieler sitzen breitbeinig auf ihren Stühlen (Rückenlehne vorne) im Kreis, singen und führen Bewegungen passend zum Liedtext aus. Die Mitspieler können zusätzliche Strophen entwickeln.

Refrain: Ich kenne einen Cowboy, der Cowboy, der heißt Bill,
und wenn der Cowboy reitet, dann steh'n die Herzen still.

1. Und so reitet der Cowboy, der Cowboy reitet so,
   so reitet der Cowboy, der Cowboy, reitet so.
2. Und so schießt der Cowboy, der Cowboy, der schießt so …
3. Und so geht sein Lasso, sein …
4. Und so grüßt der Cowboy, der …
5. Und so schläft der Cowboy, der …

Wide wide witt ab 4 Jahren

Die Kinder stellen sich im Kreis auf, fassen sich an den Händen, gehen in eine Richtung und singen zu einer Leiermelodie bis zur Textstelle „kalt". Dann bleiben sie stehen und führen die jeweiligen Kommandos aus.

Refrain: Wide wide witt
wir wollen tanzen,
wide wide witt
im grünen Wald.
Wide wide witt
wir wollen tanzen,
wide wide witt
sonst wird uns kalt.

Das ist einmal *(rechtes Bein nach vorn stellen)* – *Refrain*
Das ist zweimal *(und linkes Bein nach vorn stellen)* – *Refrain*
Das ist dreimal *(und rechtes Knie auf den Boden)* – *Refrain*
Das ist viermal *(und linkes Knie auf den Boden)* – *Refrain*
Das ist fünfmal *(und rechter Ellbogen auf den Boden)* – *Refrain*
Das ist sechsmal *(und linker Ellbogen auf den Boden)* – *Refrain*
Das ist siebenmal *(und rechter Unterarm auf den Boden)* – *Refrain*
Das ist achtmal *(und linker Unterarm auf den Boden)* – *Refrain*
Das ist neunmal *(und Stirn auf den Boden)* – *Refrain im Stehen, dazu klatschen*

Brüderchen komm tanz mit mir   ab 4 Jahren

1. Brü-der-chen, komm, tanz mit mir, bei-de Hän-de reich' ich dir, ein-mal hin, ein-mal her, rund-her-um, das ist nicht schwer.

Immer zwei Kinder bilden ein Paar und stellen sich im Kreis auf. Die Bewegungen werden passend zum Text ausgeführt. Für „Brüderchen" können auch Namen der Mitspieler eingesetzt werden.

1. Brüderchen, komm tanz mit mir,
   beide Hände reich ich dir.
   Einmal hin, einmal her,
   rundherum, das ist nicht schwer.

2. Mit dem Kopfe nick, nick, nick,
   mit den Schultern wipp, wipp, wipp.
   Einmal hin, einmal her,
   rundherum, das ist nicht schwer.

3. Mit den Händen klip, klip, klap,
   mit den Füßen trip, trip, trap.
   Einmal hin, einmal her,
   rundherum, das ist nicht schwer.

4. Mit den Fingern, schnipp, schnipp, schnapp,
   in die Hocke, auf und ab.
   Einmal hin, einmal her,
   rundherum, das ist nicht schwer.

Ist die kleine Köchin da? (Text: vom Wege/Wessel)   ab 4 Jahren

Die Kinder fassen sich an, gehen in Kreisrichtung und singen das Lied zu der bekannten Melodie. Die kleine Köchin geht in entgegengesetzter Richtung um den Kreis herum. Bei der Textstelle „Mach mit, mit, mit" tippt sie drei Kinder an, die sich anfassen und ihr folgen. In den nächsten Spielrunden vermehren sich die kleinen Köche um jeweils drei, bis zuletzt alle Mitspieler Köche sind und im Kreis stehen bleiben.

In den ersten Spielrunden:
Ist die kleine Köchin da?
Ja, ja, ja.
Dreiunddreißig Möhren reiben,
siebenundsiebzig Äpfel schneiden.
Rohkost, die macht fit.
Mach mit, mit, mit.

In der letzten Spielrunde:
Sind die Köche alle da?
Ja, ja, ja.
Da essen sie, da essen sie
(dazu Essbewegungen)
Guten Appetit!

Dornröschen war ein schönes Kind   ab 4 Jahren

Alle Kinder bilden einen Kreis. Jeweils ein Kind spielt Dornröschen, die gute Fee, die böse Fee und den Königssohn. Dornröschen setzt sich in die Mitte des Kreises. Zu jeder Strophe werden andere Tätigkeiten ausgeführt.

1. Dornröschen war ein schönes Kind, schönes Kind, schönes Kind.
   Dornröschen war ein schönes Kind, schönes Kind.
   (im Kreis gehen)
2. Dornröschen, nimm dich ja in acht, ja in acht, ja in acht.
   Dornröschen, nimm dich ja in acht, ja in acht.
   (warnend den Zeigefinger heben)

3. Da kam die böse Fee herein, Fee herein, Fee herein,
   da kam die böse Fee herein, Fee herein.
   (Die böse Fee tritt in die Mitte. Sie kann die folgende Strophe auch alleine singen.)
4. „Dornröschen, du sollst sterben, sterben, sterben.
   Dornröschen du sollst sterben, sterben."
   (Die böse Fee schließt sich wieder dem Kreistanz an)
5. Da kam die gute Fee herein, Fee herein, Fee herein.
   Da kam die gute Fee herein, Fee herein:
   (Die gute Fee tritt in die Mitte. Sie kann die folgende Strophe auch alleine singen.)
6. Dornröschen, schlafe hundert Jahr, hundert Jahr, hundert Jahr.
   Dornröschen, schlafe hundert Jahr und alle mit!
   (Die böse Fee schließt sich wieder dem Kreistanz an und Dornröschen legt sich schlafen.)
7. Da wuchs die Hecke riesengroß, riesengroß, riesengroß.
   Da wuchs die Hecke riesengroß um das Schloss.
   (Alle tanzen zur Mitte, heben die Arme und bilden so die undurchdringliche Hecke.)
8. Da kam ein junger Königssohn, Königssohn, Königssohn.
   Da kam ein junger Königssohn, Königssohn:
   (Der Königssohn durchdringt die Hecke, alle tanzen wieder auseinander und senken die Arme. Der Königssohn kann die folgende Strophe auch alleine singen.)
9. „Dornröschen, wache wieder auf, wieder auf, wieder auf.
   Dornröschen, wache wieder, wieder auf!"
   (Alle klatschen im Rhythmus des Liedes und der Königssohn gibt Dornröschen einen Kuss.)
10. Da feierten sie ein Hochzeitsfest, Hochzeitsfest, Hochzeitsfest.
    Da feierten sie ein Hochzeitsfest, Hochzeitsfest.
    (Dornröschen und der Königssohn tanzen in der Mitte und der Kreis tanzt um sie herum.)

Es geht eine Zipfelmütz' ab 4 Jahren

Es geht eine Zipfelmütz' in unserm Kreis herum, widdebum, es geht eine Zipfelmütz' in unserm Kreis herum. Dreimal drei ist neune, du weißt ja, was ich meine, dreimal drei und eins ist zehn, Zipfelmütz', bleib stehn, bleib stehn, bleib stehn. Sie rüttelt sich, sie schüttelt sich, sie wirft die Beine hinter sich. Sie klatschen in die Hand, wir beide sind verwandt.

Alle Kinder gehen im Kreis. Ein Kind als Zipfelmütze geht innerhalb des Kreises in entgegengesetzter Richtung. Beim letzten „bleib steh'n" bleiben alle stehen.

Die Zipfelmütze führt jetzt mit dem ihm gegenüberstehenden Kind die im Liedtext angegebenen Bewegungen aus. Bei „wir beide" haken sie sich ein und tanzen umeinander.

In der nächsten Strophe sind beide Kinder Zipfelmützen und alle singen: „Es gehen zwei Zipfelmützen". So geht es weiter, bis alle Kinder tanzen.

Hänsel und Gretel   ab 5 Jahren

Vor dem Spiel wählen die Kinder die Rollen: Hänsel und Gretel, Hexe, Pfefferkuchenhaus (*zwei Kinder stehen sich gegenüber, fassen sich an und bilden mit einem ausgestreckten Armpaar ein Dach, das andere Armpaar in Hüfthöhe stellt das Fenster dar, wodurch die Hexe schaut*), Backofen (*Darstellung wie das Pfefferkuchenhaus, Hexe beugt den Oberkörper in die Öffnung und ist dann von den beiden Kindern umringt*). Alle singen gemeinsam.

Hänsel und Gretel verirrten sich im Wald.
    Es war so finster und auch so bitterkalt.
    Sie kamen an ein Häuschen von Pfefferkuchen fein.
    ǁ: Wer mag der Herr wohl von diesem Häuschen sein? :ǁ

Hu, hu, da schaut eine alte Hexe raus,
    sie lockt die Kinder ins Pfefferkuchenhaus.
    Sie stellte sich gar freundlich, o Hänsel, welche Not!
    ǁ: Sie will dich backen im Ofen braun wie Brot! :ǁ

Doch als die Hexe zum Ofen schaut hinein,
    da ward sie gestoßen von Hans und Gretelein.
    Die Hexe musst' verbrennen, die Kinder geh'n nach Haus,
    ǁ: nun ist das Märchen von Hans und Gretel aus. :ǁ

Was müssen das für Bäume sein? ab 5 Jahren

Alle Kinder setzen sich in einen Kreis und machen folgende Bewegungen zu dem Liedtext:

Was müssen das für Bäume sein, wo die großen	*Mit den Füßen abwechselnd stampfen, kurz aufstehen, wieder hinsetzen, Rüssel formen,*
Elefanten spazieren gehen, ohne sich zu stoßen?	*mit den Füßen abwechselnd aufstampfen,*
Rechts sind Bäume, links sind Bäume	*mit beiden Händen rechts stehende Bäume darstellen, ebenso links,*
und dazwischen Zwischenräume,	*jeder deutet vor sich einen Zwischenraum an,*
wo die großen Elefanten spazieren gehen, ohne sich zu stoßen.	*wie oben …*

Pantomimische Spiele

... sind darstellende Rollenspiele ohne Worte. Für Kinder bietet die Pantomime vielfältige Gestaltungsmöglichkeiten, die der kindlichen Fantasie keine Grenzen setzen. Pantomimische Spiele sind für Kinder ein guter Einstieg in die Theaterarbeit, da das Pantomimenspiel sowohl als Rollenspiel zur eigenen Spielfreude als auch als Ratespiel vor Zuschauern gespielt werden kann. Bei den pantomimischen Ratespielen kommt es darauf an, charakteristische Körperhaltungen, Gestik und Mimik ausdrucksstark, oft überzeichnet darzustellen, um den Zuschauern das Raten zu erleichtern.

Förderbereiche: Körperwahrnehmung, Selbst- und Fremdwahrnehmung, Kennenlernen nonverbaler Ausdrucksformen: Mimik / Gestik; Bewegungsfreude; Bewegungssteuerung; kreative Bewegungsgestaltung; Einfühlung und Identifikation in verschiedene Rollen; Interaktion; Kommunikation

Einsatzmöglichkeiten: situativ: drinnen oder draußen; als Element einer Spielkette oder eines Festes

Methodische Hinweise: Das pantomimische Spiel muss mit Kindergartenkindern langsam erarbeitet werden, wobei der Schwierigkeitsgrad und die Komplexität gesteigert werden kann. Beginnend mit dem spielerischen Ausführen und Ausprobieren eigener Körperbewegungen (z. B. Geben und Nehmen realer Gegenstände, im nächsten Schritt imaginärer Gegenstände), können später einfache Handlungen pantomimisch umgesetzt werden (z. B. Zähne putzen, telefonieren, essen), bis dann kleine pantomimische Szenen mit einem Partner erarbeitet werden können (z. B. Kunde und Käufer).

Figuren schleudern   ab 4 Jahren

Ein Kind ist „Figuren-Schleuderer". Es nimmt nacheinander jedes Kind an die Hand, dreht es um die eigene Achse und lässt es dann los. Das „geschleuderte" Kind erstarrt in der Haltung. Nachdem alle Kinder erstarrt sind, werden sie durch einen Zauberhandschuh wieder zum Leben erweckt, z. B. zu Tieren, Fahrzeugen, Robotern usw.

Theater der Gefühle   ab 4 Jahren

Die Mitspieler bilden vier Gruppen. Jede Gruppe wählt Gefühle, die sie pantomimisch darstellt. Die Zuschauer raten. Mögliche Spielanweisungen:
- Was mache ich, wenn ich fröhlich / traurig / wütend / beleidigt / müde etc. bin?
- Wie streiten / vertragen sich Gefühle?
- Kann man Gefühle hören?
- Welche Farben haben Gefühle? (dazu evtl. Schminke und farbige Verkleidungsmaterialien bereithalten)
- Was passiert, wenn zwei Gefühle sich an der Ampel treffen?

Tiere darstellen   ab 4 Jahren

Jedes Kind stellt pantomimisch ein Tier dar. Die anderen raten.

Variante: Eine Gruppe von drei bis vier Kindern stellt gemeinsam ein Tier dar.

Wir gehen jetzt im Kreise   ab 4 Jahren

Die Spieler gehen im Kreis und singen den Text zu einer Leiermelodie. Der im Lied genannte Mitspieler macht eine Bewegung vor, die die anderen nachahmen.

Wir gehen jetzt im Kreise
Und machen eine Reise.
Und der *Mattis* zeigt uns dann,
was man dabei machen kann.

Zirkus   ab 4 Jahren

Material: *Hocker, Reifen, Stäbe, Seil, Matten, evtl. Requisiten zum Verkleiden*

Die Spielleitung übernimmt die Rolle des Zirkusdirektors, die Kinder sind je nach Auftritt trabende Pferde, balancierende Seiltänzer, dressierte Löwen, Akrobaten oder Clowns.
Der Zirkus kann eine Vorstellung geben vor den nicht beteiligten Kindern oder (bei einem Fest) vor den Eltern.

Nachmacher ab 4 Jahren

Material: *bewegte Musik*

Während die Musik spielt, tanzen oder gehen alle Mitspieler im Raum umher. Bei Musikstopp sagt der Spielleiter oder ein Mitspieler, wie sich alle bewegen sollen. Alle führen die Bewegungen so lange aus, bis die Musik wieder einsetzt (z. B. wie Frösche, Roboter, Flugzeuge, Gespenster, Bäume, Seiltänzer, Betrunkene, Könige usw.).

Variante: zwei Frösche, Roboter o. Ä. begegnen sich

Timpe Tampe Zaubermann ab 4 Jahren

Material: *Zauberhut und Zauberstab*

Ein Kind ist der Zauberer, mit Hut und Zauberstab. Er singt mit den anderen das Lied und verwandelt alle Kinder in Tiere mit dem Zauberspruch:

„Hatschi, kille, kille, knatschi,
bum bim, bam, basi,
ich verzaubere euch in Krokodile!"

Ruft der Zauberer: „Rumpumpum!" werden alle wieder zurückverwandelt und ein neuer Zauberer bestimmt.

Gesichter weitergeben ab 5 Jahren

Die Kinder sitzen im Kreis. Ein Kind schneidet eine Grimasse und zeigt sie seinem linken Nachbarn. Dieser macht sie nach und wendet sich wieder zu seinem linken Nachbarn, um sie weiterzugeben. Beim letzten Kind kann man sehen, was aus der anfänglichen Grimasse geworden ist.

Der stumme Dirigent   ab 5 Jahren

Ein Spieler geht vor die Tür. Anschließend wird ein anderer Spieler als „stummer Dirigent" bestimmt. Dieser spielt nun, nachdem der Spieler von draußen hereingekommen ist, pantomimisch verschiedene Instrumente. Alle anderen Spieler ahmen ihn sofort nach, möglichst ohne ihn ständig anzusehen.
Der Spieler von draußen hat drei Versuche zu erraten, wer der „stumme Dirigent" ist.

Guten Appetit   ab 5 Jahren

Material: *Essgeschirr*

Ein Mitspieler denkt sich aus, welche Speise „aufgetischt" werden soll. Er deckt dafür vor den anderen Spielern in der Kreismitte den Tisch und beginnt pantomimisch zu essen. Die anderen raten, welche Speise gegessen wurde.

Variante: Es kann auch ohne Essgeschirr gespielt werden.

Hutspiel   ab 5 Jahren

Die Kinder bewegen sich im Raum. Derjenige, der den Hut hat, gibt die Bewegung eines Tiers oder Fahrzeugs mit entsprechenden Geräuschen vor, die alle nachmachen. Der Hut wird an ein nächstes Kind weitergegeben.

Koffer-Pantomime   ab 5 Jahren

Material: *Koffer*

Die Mitspieler sitzen im Kreis. In der Mitte steht ein geöffneter Koffer, in den nacheinander Dinge eingepackt werden, die nur pantomimisch dargestellt werden. Jeder, der an der Reihe ist, hat die pantomimischen Bewegungen der vorhergehenden Mitspieler zu wiederholen. Zum Schluss benennt jeder Spieler den pantomimischen Gegenstand seines rechten Nachbarn.

Variante: Bei jüngeren Kindern sollte auf die Wiederholung verzichtet werden.

Marionetten-Spiel   ab 5 Jahren

Je zwei Kinder spielen zusammen: eines ist die Marionette, das andere der Marionettenspieler. Dieser zieht bei der Marionette an unsichtbaren Fäden und überprüft dabei z. B. Knie, Füße, Kopf, Schulter, Po usw. Zum Schluss lässt er die Fäden alle los, und die Marionette fällt in sich zusammen. Danach werden die Rollen gewechselt.

Meine Tante aus Amerika ist da   ab 5 Jahren

Alle Spieler sitzen im Stuhlkreis. Der erste Spieler beginnt: „Meine Tante aus Amerika ist da." Alle fragen: „Was hat sie dir denn mitgebracht?" Der erste Spieler: „Sie hat einen Sonnenschirm mitgebracht". Darauf heben alle den Arm und halten einen imaginären Sonnenschirm. Dann ist der nächste Spieler an der Reihe, nennt einen Gegenstand und alle führen die dazu passende Bewegung aus (Eis essen, Fußball spielen etc.). Das Spiel endet, wenn jemand sagt: „Meine Tante aus Amerika ist wieder abgereist und hat alles wieder mitgenommen!"

Pantomimik-Memory   ab 5 Jahren

Ein Mitspieler verlässt den Raum, alle anderen bilden Paare und denken sich gemeinsam einen Gesichtsaudruck oder eine bestimmte Geste aus. Danach stellen sich alle in einer Reihe hintereinander auf, wobei die Paare möglichst nicht zusammen stehen sollten. Der Mitspieler wird hereingerufen, geht durch die Reihe und tippt einzelne Spieler an, worauf diese ihre Geste oder Gesichtsausdruck vorzeigen. Wie bei einem Memory geht es darum, die passenden Paare zu finden.

Variante: Es können auch zwei Spieler abwechselnd Pantomimen-Paare suchen. Wer hat am Ende die meisten Paare gefunden?

Schattenspiel   ab 5 Jahren

Material: *Lichtquelle, weißes Betttuch*

Eine Leine durch den Raum ziehen und ein Betttuch daran befestigen. Eine Lichtquelle hinter dem Tuch aufstellen (Diaprojektor, Overhead-Projektor) und den Raum abdunkeln. Eine Hälfte der Kindergruppe sind die Zuschauer, die anderen befinden sich hinter dem Tuch. Sie spielen einzeln oder zu zweit etwas

vor, so dass die Zuschauer die Schatten sehen und erraten, wer oder was das ist. Folgende Darstellungsmöglichkeiten:
Welches Kind ist das?
Welches Tier ist das?
Welcher Gegenstand ist das? Was wird transportiert?
Welcher Beruf ist das?
Wie heißt die Tätigkeit?
Danach werden die Gruppen gewechselt.

Tanz der Aufziehtiere   ab 5 Jahren

Material: *eine Aufziehfigur als Anschauungsmaterial*

Jeder Mitspieler überlegt sich, welche Aufziehfigur er sein möchte. Die Spielleitung geht zu jedem Kind, um es auf dem Rücken mit einem imaginären Schlüssel aufzuziehen. Schon beginnen die Figuren zu hüpfen, zu drehen, zu trommeln usw. Sind die Figuren abgelaufen, werden die Bewegungen langsamer, bis sie in einer Position „einfrieren". Das Spiel beginnt von vorn.

Lied-Pantomime   ab 6 Jahren

Ein bekanntes Lied wird pantomimisch dargestellt.

Variante: Das Lied wird durch passende Verkleidung pantomimisch dargestellt und mit einer Digitalkamera aufgenommen. Im Rahmen eines Festes werden dann die einzelnen Lied-Pantomimen vorgeführt und das Publikum muss das Lied erraten. Erst danach wird die passende Musik dazu gespielt.

Mimische Kette   ab 6 Jahren

Die Spielleitung wählt drei Kinder als Mitspieler aus, die anderen sind Zuschauer. Ein Mitspieler bleibt im Raum, die anderen gehen hinaus. Die Spielleitung spielt dem ersten Mitspieler eine einfache, kurze pantomimische Szene vor, z. B. Wäsche aus der Waschmaschine nehmen und aufhängen. Dann wird der zweite Mitspieler hereingerufen, dem der erste nun die Szene vorspielt, der zweite dem dritten, der die Szene auch noch einmal wiederholt und erzählt, was er nach seiner Meinung gespielt hat. Die anderen werden ebenfalls in umgekehrter Reihenfolge befragt. Zuletzt spielt die Spielleitung noch einmal die Originalszene vor und erklärt gleichzeitig ihr Tun.

Auf den Spuren von Kim & Co.

Sinnesspiele

... sind sensorische Wahrnehmungsspiele, bei denen der Spieler sich nach bestimmten Regeln Dinge merken muss, die er vorher wahrgenommen hat, also gesehen, gehört, gerochen, geschmeckt, getastet oder/und gefühlt. Die sinnliche Wahrnehmung erfolgt im Wesentlichen über die Sinnesorgane Haut, Ohr, Auge, Nase. Wenn ein Sinnesorgan kurzfristig ausfällt, konzentriert sich die Wahrnehmung auf die restlichen Sinnesorgane. Der Sehsinn wird im Alltagsleben am meisten beansprucht. Deshalb werden die meisten Sinnesspiele mit geschlossenen Augen gespielt. Wahrnehmungsspiele fördern das Gedächtnis, vermitteln ungewohnte Sinneseindrücke und sensibilisieren die Sinnesorgane, steigern die Eigenwahrnehmung. Sie können als Einzel-, Partner- oder Gruppenspiele mit allen Altersgruppen als Stille- und Konzentrationsübungen, als Motivation und Themeneinstieg, bei Spielketten und Spielfesten (z. B. Kindergeburtstag) durchgeführt werden.

Bei Sinnesspielen steht die differenzierte Wahrnehmung im Vordergrund: Farben, Formen, Geräusche oder Aromen werden nacheinander durch tasten, riechen, schmecken oder hören erraten, benannt und zugeordnet, wobei ein Wettkampfcharakter vermieden und Kooperation angeregt werden sollte. Die Spielfreude bleibt erhalten, wenn für eine Abwechslung der Sinneseindrücke gesorgt ist.

Sinnesspiele werden auch Kimspiele genannt, nach der Hauptfigur Kim aus dem gleichnamigen Roman von Rudyard Kipling (1865–1936). In dem Roman soll sich Kim, ein irischer Waisenjunge, der im Slum von Lahore aufwächst, möglichst viele Edelsteine merken, die sich auf einem Tablett befinden. Kim spielt dieses Spiel mit dem Sohn eines indischen Händlers – er verliert das Spiel und beschließt, sein Gedächtnis zu schulen.

Tastspiele

… sind taktile Wahrnehmungsspiele. Berührungsreize werden über die Haut aufgenommen, die auch gleichzeitig ein Schutzorgan des Körpers ist. Besonders in den Fingerspitzen und an den Fußsohlen befinden sich die meisten Tastkörperchen. Je jünger das Kind ist, umso größer ist auch das Bedürfnis, Gegenstände zu berühren, in den Mund zu nehmen, zu „be-greifen". Nur wer etwas be-griffen hat, kann es verstehen, und in der Tat lässt sich über den Tastsinn die unmittelbare Umwelt am besten verstehen. Das Tasten gelingt besonders gut, wenn der Sehsinn ausgeschaltet ist.

Förderbereiche: Merkfähigkeit, Erinnerungsvermögen, Begriffsbildung, taktiles Differenzierungsvermögen

Einsatzmöglichkeiten: als Stille- und Konzentrationsübung, zur Motivation und als Themeneinstieg, bei Spielketten und Spielfesten (z. B. Kindergeburtstag)

Methodische Hinweise: Verschiedene Formen und Gegenstände mit den Händen oder Füßen nacheinander durch das Abtasten empfinden, erkennen, vergleichen, benennen und zuordnen. Unter Beachtung der individuellen Befindlichkeit werden dabei dem Spieler die Augen verbunden oder er hält sie geschlossen. Die Gegenstände können aber auch mit einem Tuch bedeckt werden.

Streichelzoo   ab 2 Jahren

Material: *1 Kopfkissenbezug*

Die Lieblings-Kuscheltiere der Kinder in einem Kopfkissenbezug sammeln. Anschließend versucht jedes Kind, sein Kuscheltier zu finden.

Variante: Ein Kind fühlt ein Kuscheltier und übergibt es seinem Besitzer.

Hochzeitsbälle ab 2 Jahren

Material: *2 Körbe, verschiedene Bälle (Tischtennis-, Golf, Soft-, Feder-, Tennis-, Gummiballball, Luftballon – jeweils 2 von einer Sorte)*

In einem zugedeckten und in einem offenen Korb befinden sich fünf bis acht handliche Ballpaare. Abwechselnd nehmen die Kinder einen Ball aus dem offenen Korb und tasten im geschlossenen Korb nach dem Gegenstück.

Tasttreppenwand ab 3 Jahren

Material: *Bierdeckel, Material zum Bekleben (Alufolie, Wellpappe, Sandpapier, Strukturtapete, Stoff, Stroh etc.), Doppelklebeband*

Jeweils zwei Bierdeckel werden mit dem gleichen Material beklebt, so dass Strukturen entstehen, die ertastet werden können. Die Bierdeckel auf eine Treppenstufe und in Hüfthöhe an die Wand kleben, so dass die Spieler die Paare gleichzeitig mit Händen und Füßen tasten können.

Variante: Die Bierdeckel nicht aufkleben, sondern als Tastmemory nach den bekannten Regeln auf dem Tisch spielen.

Tastwege ab 3 Jahren

Material: *leere Obstkisten, Plastikfolie, Material zum Begehen (z. B. Kieselsteine, Sand, Tannenzapfen, Muscheln, Korken, Rindenmulch, Eicheln)*

In einer gemeinsamen Aktion werden leere Obstkisten mit fester Plastikfolie (z. B. aufgeschnittene Müllsäcke) ausgeschlagen und die Materialien getrennt hineingeben. Die gefüllten Kisten hintereinander stellen. Die Mitspieler gehen mit nackten Füßen über den Tastweg.

Varianten: Mit geschlossenen Augen gehen/führen lassen; auf allen „vieren" gehen; rückwärts gehen.

Der Stuhl braucht Schuhe ab 3 Jahren

In der Kreismitte liegen vier Paar Schuhe. Rechts und links steht jeweils ein Stuhl. Die Spieler bekommen die Augen verbunden. Sie müssen Paare finden und jeweils den einen Schuh des Paares unter ein Stuhlbein des linken, den anderen Schuh unter ein Stuhlbein des rechten Stuhls klemmen.

Blindenführer ab 4 Jahren

Material: *ruhige Musik von CD*

Ein Mitspieler schließt die Augen und wird vom Partner an den Händen gefasst und ohne anzuecken durch den Raum geführt; Rollentausch.

Variante: Nur durch das Berühren der Fingerkuppen den Partner stumm führen.

Gegensätze fühlen ab 4 Jahren

Material: *1 Kiste/Karton, runde Gegenstände, ein eckiger Gegenstand*

In einer abgedeckten Kiste liegen verschiedene runde Gegenstände. Der einzige eckige Gegenstand muss herausgefunden werden.

Variante: Holzbausteine – Softball, Knöpfe – Legostein, Federn – Korken

Fühlkekse ab 4 Jahren

Material: *2 Stoffbeutel, unterschiedliche Backförmchen (je zwei gleiche)*

Die Stoffbeutel auf den Tisch legen. Der Spieler fasst mit der rechten Hand in den rechts liegenden Stoffbeutel, mit der linken Hand in den linken und muss nun versuchen, durch Tasten ein Backförmchenpaar herauszufühlen.

Sehende Hände ab 4 Jahren

Material: *für jeden Mitspieler einen Stein (oder einen anderen Gegenstand, z. B. Playmobilfiguren o. Ä.)*

Die Kinder sitzen im Stuhlkreis. Jeder Mitspieler bekommt einen Stein (oder einen anderen Gegenstand), schaut ihn sich an und ertastet ihn genau. Dann werden die Steine hinter dem Rücken von Spieler zu Spieler weitergereicht. Wer erkennt seinen Stein wieder?

Tastsack   ab 4 Jahren

Material: *Sack (oder Karton), gefüllt mit verschiedenen Gegenständen (Naturmaterialien, Spielzeug o. Ä.)*

Alle sitzen im Kreis und der mit Gegenständen gefüllte Sack liegt in der Kreismitte. Nacheinander fasst jeder in den Sack, befühlt die Gegenstände, wählt einen aus, beschreibt und benennt ihn.

Waldsammlung   ab 4 Jahren

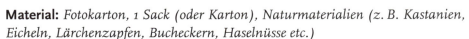

Material: *Fotokarton, 1 Sack (oder Karton), Naturmaterialien (z. B. Kastanien, Eicheln, Lärchenzapfen, Bucheckern, Haselnüsse etc.)*

Die Kinder sammeln im Wald Naturmaterialien. Einen Fotokarton in 12 Felder aufteilen und in sechs Felder je ein Sammelobjekt aufkleben. Die passenden Gegenstücke liegen in einem Fühlsack bereit. Sie müssen nun ertastet und zugeordnet werden.

Waschanlage   ab 4 Jahren

Die Mitspieler stellen sich in zwei Reihen einander gegenüber auf. Die ersten beiden sind die Eingangsreinigungsbürsten, die nächsten die Seitenbürsten, die folgenden die Dachbürsten usw. Ein Mitspieler geht als Auto durch die Waschanlage. Dort wird er gerieben, geklopft, gestreichelt, angepustet usw.

Rückenklavier   ab 5 Jahren

Ein Mitspieler beugt sich vor, sein Spielpartner „spielt Klavier" auf dem gebeugten Rücken, Rollentausch.

Variante 1: Mit einem Finger ein Bild auf den Rücken malen.
Variante 2 für ältere Kinder: mit dem Finger eine Zahl oder einen Buchstaben auf den Rücken malen.

Bäume im Nachtwald   ab 5 Jahren

Die Spieler sitzen verteilt in einem abgegrenzten Raum – die „Bäume im Nachtwald". Ein Kind wird ausgewählt, es krabbelt mit verbundenen Augen durch den „dunklen Wald" und sucht den Ausgang (zwei Torkinder). Immer wenn es einem „Baum" zu nahe kommst, pustet dieser es an. Erst wenn es an die zwei Torkinder gerät, verlässt es den Nachtwald. Rollentausch.

Kochlöffelfühler   ab 6 Jahren

Material: *2 Kochlöffel aus Holz, Augenmaske,*

Spielverlauf: Einem Mitspieler werden die Augen verbunden. In jede Hand bekommt er einen Holzkochlöffel, mit denen er sein Gegenüber abtastet und errät, wer es ist. Rollenwechsel.

Schraubenkönig   ab 6 Jahren

Material: *20 unterschiedliche Schrauben mit passenden Muttern*

Maximal vier Spieler sitzen im Kreis auf dem Fußboden, ein mit Schrauben und Muttern gefüllter Stoffsack liegt in der Mitte. Der erste Spieler nimmt mit geschlossenen Augen eine Schraube sowie eine Mutter aus dem Sack und schraubt sie ineinander. Er darf weitere Paare fühlen und ineinander schrauben, bis ein Paar nicht zusammenpasst, dann ist der nächste Spieler dran. Wer zum Schluss die meisten Paare vor sich liegen hat, ist Schraubenkönig.

Hörspiele

... sind auditive Wahrnehmungsspiele, bei denen der Spieler Geräusche, Töne oder Klänge bewusst wahrnimmt. Später werden sie dann nach vorher verabredeten Regeln benannt und einer akustischen Quelle zugeordnet. Da die Ohren nicht geschlossen werden können, nehmen wir ständig akustische Reize auf. Diese oft unbewusst wahrgenommenen Reize werden bei den Hörspielen auf spielerische Weise verdeutlicht.

Förderbereiche: Merkfähigkeit, Erinnerungsvermögen, Begriffsbildung, Raum- und Richtungshören

Einsatzmöglichkeiten: als Stille- und Konzentrationsübung, zur Motivation und als Einstieg in ein Thema, bei Spielketten und Spielfesten (z. B. Kindergeburtstag)

Methodische Hinweise: Unter Beachtung der individuellen Befindlichkeit werden dem Spieler die Augen verbunden oder er hält sie geschlossen. Die Akustikquelle kann aber auch mit einem Tuch o. Ä. bedeckt oder versteckt werden.

Wo tickt der Wecker?   ab 2 Jahren

Ein laut tickender Wecker wird im Raum versteckt. Wer ihn gefunden hat, darf ihn neu verstecken. Die nicht beteiligten Spieler können mit Zurufen wie „heiß!" oder „kalt!" dem Suchenden helfen.

Bello, Bello, dein Knochen ist weg   ab 3 Jahren

Material: *Schlüsselbund*

Alle sitzen im Stuhlkreis. Ein Mitspieler ist der Hund Bello, der mit geschlossenen Augen auf dem Boden liegt. Vor ihm liegt sein Knochen (ein Schlüsselbund). Ein Mitspieler nimmt vorsichtig den Knochen weg und setzt sich wieder auf seinen Platz. Alle nehmen die Hände auf den Rücken und rufen: „Bello, pass auf, pass auf, dein Knochen ist weg!" Bello muss nun den Knochendieb ausfindig machen.

Wüstenmusik   ab 4 Jahren

Material: *Heulrohr, Triangel, o. Ä.*

Die Spielleitung schwingt das Heulrohr oder schlägt die Triangel an. Die Mitspieler schließen die Augen, breiten die Arme aus und folgen den Klängen durch den Raum.

Varianten: Als Partnerübung zu zweit oder in Kleingruppenformation (max. fünf Mitspieler hintereinander).

Spinne im Netz   ab 4 Jahren

Material: *1 Bonbon*

Die Spieler sitzen im Stuhlkreis. Ein Mitspieler wird als „Spinne" ausgewählt und hockt sich mit geschlossenen Augen in die Kreismitte. Ein Mitspieler lässt ein Bonbon in das „Spinnennetz" fallen. Die Spinne muss herausfinden, wer das war.

Stille Post   ab 4 Jahren

Alle sitzen im Kreis. Der erste Mitspieler flüstert seinem linken Nachbarn ein Wort ins Ohr. Dieser gibt das Gehörte an seinen nächsten Nachbarn weiter. So wandert das Wort von Ohr zu Ohr, bis es wieder am Ausgangspunkt angekommen ist. Der letzte Mitspieler spricht das gehörte Wort laut aus. Die nächste Nachricht kann durch das „Telefon" geschickt werden.

Variante: Vorher den Bereich der Begriffe bestimmen, z. B. etwas, was man essen kann, womit man spielen kann, Tiere, Namen von Personen, Lebensräume etc, ganze Sätze, Sprüche.

Klapperschlange   ab 4 Jahren

Im Stuhlkreis hockt sich jeder Mitspieler vor seinen Stuhl (Blickrichtung in die Kreismitte). Ein Spieler sitzt in der Mitte und hält die Hände vor die geschlossenen Augen. Alle rufen: „Klipper-Klipper-Klapperschlange, klapper mal mit deiner Klapper!" Daraufhin klopft ein Mitspieler dreimal mit den Handknöcheln auf die Stuhlfläche. Der Spieler öffnet die Augen und geht zu demjenigen, der seiner Meinung nach die Klapperschlange war.

Variante: Statt auf den Stuhl zu klopfen, können auch selbst hergestellte Trommeln oder Rasseln zum Einsatz kommen.

Hör mal, wie das klingt   ab 4 Jahren

Material: *Kassettenrekorder, Kassette mit Alltagsgeräuschen*

Die Spielleitung spielt das erste Geräusch ab, alle Kinder raten. So lange wiederholen, bis alle Geräusche erraten wurden.

Variante: Die Kinder nehmen selbst Geräusche auf.

Dunkelgeräusche   ab 4 Jahren

Material: *Kassettenrekorder, Kassette mit 10 verschiedenen Geräuschen, 10 Teelichter, Streichhölzer*

Den Raum abdunkeln, zehn Teelichter aufstellen und anzünden. Die vorher gemeinsam aufgenommenen zehn Geräusche werden nun angehört. Wer ein Geräusch richtig erkennt, darf ein Teelicht auspusten. Zum Abschluss erzeugt jeder sein eigenes Dunkelgeräusch.

Im Walde steht ein Hexenhaus   ab 4 Jahren

Alle sitzen im Kreis. Ein Mitspieler sitzt mit geschlossenen Augen als Hexe in der Mitte. Alle sprechen den Text:

Im Walde steht ein Hexenhaus
da geht die Hexe ein und aus.
Sie hat kein Licht, sie hat kein Licht,
sie sieht die helle Sonne nicht.

Während alle den Spruch aufsagen, stellt sich ein Mitspieler hinter die Hexe, klopft auf ihren Rücken und fragt: „Poch, poch, poch, wer darf hinein?" Die Hexe errät den Namen des Mitspielers, der danach die neue Hexe ist.

Tierfamilie   ab 5 Jahren

Material: *jeweils 4 Karten mit Abbildungen einer Tierart (Anzahl der Mitspieler berücksichtigen)*

Die Kinder bilden einen Stuhlkreis. Die Spielleitung verteilt Tierkarten an die Mitspieler. Jeder schaut sich sein Tier an, benennt es und ahmt den passenden Tierlaut nach. Dann sammelt die Spielleitung alle Karten wieder ein, mischt sie und verteilt sie neu. Jeder schaut sich seine Karte an, ganz still, und so, dass der Nachbar nichts sieht. Denn auf ein Signal der Spielleitung müssen sich nun alle Tierfamilien (Vater, Mutter, Bruder, Schwester) zusammenfinden, aber nur, indem sie sich mit ihren Tierlauten verständigen.

Blasmusik   ab 5 Jahren

Material: *Trinkhalme, Gläser gefüllt mit Wasser oder Tee*

Die Mitspieler sitzen mit ihren Gläsern am Tisch. Der erste Spieler blubbert mit seinem Trinkhalm die Melodie eines bekannten Kindergartenliedes, die anderen versuchen zu raten.

Geräusche raten   ab 5 Jahren

Material: *Kassettenrekorder; Materialien, mit denen Geräusche produziert werden können (z. B. Papier zerreißen, Ball auf den Boden prellen etc.)*

Die Spielleitung nimmt in Abwesenheit der Kinder unterschiedliche Geräusche auf dem Kassettenrekorder auf. Die Kinder sitzen im Kreis. Die Materialien, die für die Geräuschherstellung benötigt wurden, liegen in der Mitte. Die Geräusche-Kassette wird abgespielt, dabei finden die Kinder heraus, womit sie erzeugt wurden.

Variante: Die Kinder erraten Gruselgeräusche. Dadurch, dass die Kinder die Geräuscherzeugung erkennen und nachvollziehen, können hierbei mögliche Ängste abgebaut werden.

Schlapp hat den Topf verloren   ab 5 Jahren

Material: *verschließbare Vorratsdosen gefüllt mit verschiedenen Nahrungsmitteln, z. B. Reis, Erbsen, Haselnüsse, Zucker etc.*

Die Mitspieler (max. 10) sitzen im Kreis. Bis auf einen Mitspieler hat jeder eine verschließbare Dose, zur Hälfte gefüllt mit einem losen Nahrungsmittel, z. B. Reiskörner. Zunächst zeigen alle Mitspieler den Inhalt ihrer Dosen, benennen das Nahrungsmittel und geben durch Schütteln ein Klangbeispiel. Der Mitspieler ohne Dose beginnt das Spiel und sagt: „Schlapp hat den Topf verloren!" Daraufhin fragen die anderen: „Was war denn darin?" Der Spieler antwortet z. B.: „Reis!" Reihum schütteln nun nacheinander alle Mitspieler ihre Dosen. Anhand des Schüttelgeräusches muss der Spieler seinen geforderten Topfinhalt heraushören (er hat drei Rateversuche). Dann wechselt die Dose den Besitzer und der nächste Spieler ist an der Reihe.

Variante 1: Anderes Füllmaterial benutzen, z. B. Eicheln, Sand, kleine Kieselsteine etc.
Variante 2: Je nach Entwicklungsstand der Kinder kann die Anzahl der Dosen (Mitspieler) verringert oder erweitert werden.

Hänschen, piep einmal   ab 5 Jahren

Material: *1 Augenbinde*

Alle Mitspieler sitzen im Stuhlkreis. Einem Mitspieler werden die Augen verbunden. Er stellt sich in die Kreismitte, wird ein paarmal gedreht, setzt sich dann auf den Schoß eines anderen Mitspielers und bittet: „Hänschen, piep einmal!" Darauf sagt der Mitspieler: „Piep!", und der Spieler mit den verbundenen Augen muss raten, wer gepiept hat.

Geräusch-Paare   ab 5 Jahren

Alle Mitspieler bilden Paare und denken sich gemeinsam ein Geräusch aus, das sie mit Mund und Stimme hervorbringen können. Danach stellen sie sich hintereinander so auf, dass die Paare möglichst nicht nebeneinander stehen. Ein weiterer Mitspieler geht durch die Reihen, tippt einzelne Spieler an, worauf diese ihr erdachtes Geräusch produzieren. Wie bei einem Memory muss der Mitspieler nun das Paar finden, dessen Geräusche sich gleich anhören.

Schüttelmemory   ab 5 Jahren

Material: *undurchsichtige, verschließbare Becher oder Dosen, gefüllt mit verschiedenen Nahrungsmitteln, z. B.: Reis, Erbsen, Linsen, Suppennudeln, Nüsse etc., jeweils 2 mit identischem Inhalt*

Die Dosen auf den Tisch stellen. Nach den bekannten Regeln des Memory-Spiels versuchen die Mitspieler, durch Schütteln herauszufinden, welches Becherpaar mit den gleichen Nahrungsmitteln gefüllt ist.

Variante: Anderes Füllmaterial benutzen, z. B. Eicheln, Sand, kleine Kieselsteine etc.

Schiff im Nebel   ab 6 Jahren

Material: *1 Augenbinde*

Die Spieler bilden zwei Gruppen, die sich in zwei Reihen gegenüber aufstellen. Sie bilden eine schlangenförmige Gasse, durch die ein Mitspieler mit verbundenen Augen hindurchfinden muss. Die Spieler auf der rechten Seite geben das Signal „bibibibi…" von sich, die Spieler auf der linken Seite „bubububu…". Durch die akustischen Signale findet das Schiff den Weg durch den Nebel.

Der blinde Dirigent   ab 6 Jahren

Material: *1 Taktstock, Augenbinde*

Der Dirigent steht mit verbundenen Augen und dem Taktstock in der Kreismitte, während die Mitspieler singend um ihn herumgehen, mal links und mal rechts herum. Hebt der Dirigent seinen Taktstock, bleiben alle stehen. Darauf berührt er einen Mitspieler, der einen Liedanfang singen muss. Dreimal darf der Dirigent raten, wer der Sänger ist. Errät er ihn, so wird er von diesem abgelöst, sonst dreht sich der Kreis weiter.

Sehspiele

... sind visuelle Wahrnehmungsspiele. Da die meisten Umwelteindrücke über das visuelle System wahrgenommen werden, ist der Sehsinn starken Belastungen ausgesetzt. Der optischen Dauerberieselung sind auch Kinder ausgesetzt. Es bleibt oft keine Zeit und Gelegenheit zum Verarbeiten der Eindrücke. Bei Sehspielen haben sie Gelegenheit, sich auf eine Sache für einen längeren Zeitraum zu konzentrieren und sie lernen, genauer hinzuschauen und Zusammenhänge zu durchschauen.

Förderbereiche: Merkfähigkeit, Erinnerungsvermögen, Begriffsbildung, visuelles Differenzierungsvermögen, Hand-Auge-Koordination

Einsatzmöglichkeiten: als Stille- und Konzentrationsübung, zur Motivation und als Themeneinstieg, bei Spielketten und Spielfesten (z. B. Kindergeburtstag)

Methodische Hinweise: Verschiedene Formen und Gegenstände beobachten, erkennen, vergleichen, benennen und zuordnen. Unter Beachtung der individuellen Befindlichkeit werden dabei dem Spieler die Augen verbunden oder er hält sie geschlossen. Die Gegenstände können aber auch mit einem Tuch bedeckt werden.

Mit und ohne Hut ab 2 Jahren

Material: *je zwei Porträtfotos (mit und ohne Hut) von jedem Mitspieler*

Die laminierten Porträtfotos der Mitspieler liegen verdeckt in der Tischmitte. Wie beim Memory sollen nun die passenden Bildpaare durch Aufdecken gefunden werden, wobei der Name des Kindes genannt werden muss.

Variante für ältere Kinder: Ganzkörperaufnahmen mit Verkleidung/Schminke

Gleich und gleich   ab 2 Jahren

Material: *Fotos von unterschiedlichen Alltagsgegenständen*

Auf dem Tisch liegen die Fotos. Abwechselnd und nacheinander wählen die Kinder ein Foto aus und suchen das dazu passenden Original.

Wem gehört das?   ab 3 Jahren

Die Kinder sitzen im Kreis. Ein Kind verlässt den Raum, sucht sich in der Garderobe einen Anorak oder einen Mantel aus. Die Kinder im Kreis raten, wem das Kleidungsstück gehört.

Variante für ältere Kinder: Mehrere Kleidungsstücke von verschiedenen Kindern auswählen.

Ich sehe was, was du nicht siehst   ab 3 Jahren

Zwei oder mehrere Spielteilnehmer erraten nacheinander einen Gegenstand, den sich einer ausgeguckt hat. Vor Spielbeginn einigen sich die Spieler auf den Ratebereich, z. B. die Kleidung oder alle Dinge im Raum. Jede Raterunde wird mit dem Vers eingeleitet: „Ich sehe was, was du nicht siehst und das ist …!" An dieser Stelle wird eine Farbe oder andere Beschaffenheit des Gegenstandes benannt. Wer den Gegenstand errät, beginnt mit einer neuen Raterunde.

Augen-Kim   ab 3 Jahren

Material: *Tablett mit 5–20 verschiedenen Gegenständen, Tuch zum Abdecken*

Die Kinder schauen sich die Gegenstände (für jüngere Kinder weniger nehmen) eine Weile an und merken sie sich. Das Tuch wird über das Tablett gelegt und die Spielleitung nimmt einen Gegenstand fort. Anschließend raten die Kinder, welcher Gegenstand fehlt.

Variante 1: Mehrere Dinge wegnehmen, die Anordnung verschieben.
Variante 2: Gegenstände eines Tätigkeitsbereichs z. B.: Küchengeräte, Werkzeug, Spielzeug etc.

Zuzwinkern   ab 3 Jahren

Die Kinder sitzen im Kreis, ein Stuhl mehr als Teilnehmer. Der Spieler links vom freien Stuhl zwinkert mit einem Auge einem Kind zu. Dieses setzt sich auf den freien Platz.

Variante für ältere Kinder: (ungerade Spielerzahl) Die Hälfte der Spielgruppe sitzt auf den Stühlen, die anderen stehen hinter den Stühlen (mit den Händen auf dem Rücken), ein Stuhl mehr als Teilnehmer. Der Spieler hinter dem freien Platz zwinkert einem Sitzenden zu, der den freien Stuhl besetzen soll. Der Stehende versucht ihn daran zu hindern, indem er ihn an den Schultern festhält.

Was hat sich verändert?   ab 3 Jahren

Die Kinder sitzen im Kreis. Alle schauen einander genau an, dann verlassen zwei (oder drei) Kinder den Raum und verändern etwas an ihrem Aussehen (zwei oder drei Dinge, z. B. Schuhe verkehrt herum anziehen, Hose oder Ärmel aufkrempeln etc.). Wenn sie wieder hereinkommen, müssen die Kinder im Kreis raten, was verändert wurde.

Schuhsalat   ab 3 Jahren

Zwei Spieler werden hinausgeschickt, alle anderen ziehen ihre Schuhe aus und legen sie auf einen Haufen. Die Spieler kommen wieder in den Stuhlkreis und versuchen nun, die Schuhe ihren Besitzern zurückzubringen.

Variante: Das Spiel kann auch mit Handschuhen oder Socken gespielt werden.

Taler, Taler, du musst wandern   ab 4 Jahren

Material: *1 Geldstück*

Zwei Spieler werden ausgewählt, der eine ist der Talerverteiler, der andere der Aufpasser. Alle anderen setzen sich in den Kreis und jeder formt mit seinen Händen eine Schale. Der Talerverteiler bekommt ein Geldstück. Er klemmt es sich zwischen die ebenfalls zusammengelegten Hände. Alle singen das Lied, unterdessen geht der Talerverteiler im Kreis herum und übergibt den Taler möglichst unauffällig in die Hände eines Mitspielers. Der Aufpasser muss beobachten, wo der Taler übergeben wird. Am Ende der Runde (oder sofort) muss er sagen, wer jetzt den Taler hat. Rät er richtig, darf er nun der Talerverteiler sein. Derjenige, bei dem der Taler entdeckt wurde, wird der neue Aufpasser.

Variante: Einen Schmuckring verwenden und dazu die passende Strophe singen:

Ringlein, Ringlein, du musst wandern
von der einen Hand zur andern.
Das ist herrlich, das ist schön,
niemand darf das Ringlein seh'n!

Lieblingssteine   ab 4 Jahren

Bei einer Wanderung sucht sich jedes Kind einen Stein aus, der ihm besonders gut gefällt. Jeder betrachtet seinen Stein ganz genau und prägt sich sein Aussehen ein: Maserung, Färbung, Form (rund, flach, kantig), Oberflächenbeschaffenheit (rau, glatt, gewellt) – dann werden alle Steine in die Kreismitte gelegt – und abschließend findet jedes Kind seinen Stein aus all den Steinen heraus.

Einer ist hier verschwunden   ab 4 Jahren

Material: *Versteckmöglichkeit schaffen, z. B. Tuch/Decke über einen Tisch legen, Kriechtunnel, großer Karton*

Alle Mitspieler sitzen im Kreis. Ein Mitspieler schließt die Augen. In der Zeit versteckt sich ein anderer Mitspieler. Alle sprechen oder singen (nach einer einfachen Leiermelodie) den Vers:

Einer ist verschwunden, einer fehlt hier im Kreis.
Milena muss nun raten, wie das Kind hier *(auf das versteckte Kind zeigen)* denn heißt.

Nun öffnet der Mitspieler die Augen und muss herausfinden, wer fehlt.

Variante 1: Bei jüngeren Kindern Hilfestellung geben durch Angabe von Kleidung, Haarfarbe, Spielpartner.
Variante 2: Zwei oder mehrere Mitspieler verstecken sich.

Faden legen   ab 4 Jahren

Material: *für jeden Teilnehmer ein ca. 1 m langer Baumwollfaden*

Ein Spieler legt den Baumwollfaden auf dem Fußboden wortlos zu einer beliebigen Figur. Die anderen Spieler legen diese Form genau nach, ohne zu sprechen.

Variante 1: Die Spieler verabreden, aus den einzelnen Figuren ein Gesamtbild zu erstellen.
Variante 2: Den Faden zu einer Schlinge verknoten, die Schlinge befeuchten (lässt sich leichter formen). Nach Ansage des Spielleiters legen alle gleichzeitig eine bestimmte Form (Kreis, Dreieck, Haus, Baum, Löffel etc.).

Ein Stück Urlaub   ab 4 Jahren

Mehrere an die Einrichtung adressierte Urlaubs-Ansichtskarten in vier bis acht gleich große Rechtecke oder Dreiecke zerschneiden. Anschließend, wie bei einem Puzzlespiel, die Teile wieder zusammenfügen.

Variante: Ein vergrößertes Gruppenfoto als Puzzle gestalten.

Riechspiele

... sind olfaktorische Wahrnehmungsspiele, bei denen der Spieler die Aromen der Dinge „erriechen" muss, um dann nach vorher verabredeten Regeln den Geruch zu benennen. Angenehme Duftstoffe wirken wohltuend und belebend auf Körper und Seele. Geruchserfahrungen setzten sich häufig fest, sie bleiben lange im Gedächtnis und werden oft mit bestimmten Erlebnissen verbunden. Lange Zeit später ruft ein bestimmter Duft das Erlebnis wieder in Erinnerung (z. B. Zimt = Weihnachten, Sonnencreme = Urlaub).

Förderbereiche: Merkfähigkeit, Erinnerungsvermögen, Begriffsbildung, Sensibilisierung für unterschiedliche Gerüche

Einsatzmöglichkeiten: als Stille- und Konzentrationsübung, zur Motivation und als Themeneinstieg, bei Spielketten und Spielfesten (z. B. Kindergeburtstag)

Methodische Hinweise: Es sollten nicht mehr als drei bis maximal fünf verschiedene Aromen in einem Spiel zum Einsatz kommen. Pausen einlegen, da die Nase nach einiger Zeit Differenzen nicht mehr wahrnimmt, wenn sich die Duftmoleküle an der Nasenschleimhaut festgesetzt haben. Unter Beachtung der individuellen Befindlichkeit werden dem Spieler die Augen verbunden oder er hält sie geschlossen.

Duftsäckchen   ab 3 Jahren

Zur Blütezeit werden Lavendel-, Kamilleblüten oder Fichtennadeln gesammelt, getrocknet und in Stoffsäckchen gefüllt. Diese Duftsäckchen den Abbildungen der verschiedenen Pflanzen zuordnen.

Nasendetektive   ab 4 Jahren

Material: *ein mit Duftöl getränkter Wattebausch*

Den Wattebausch im Raum verstecken. Die Spieler versuchen mit geschlossenen Augen die Duftquelle zu ermitteln.

Küchenduftsucher   ab 4 Jahren

Einige Kinder bereiten mit einem Erwachsenen ein Überraschungsessen vor (Waffeln, Kinderpunsch, Pfannkuchen oder ähnliche Speisen mit typischem Duft). Die anderen Kinder raten, welches Überraschungsessen vorbereitet wird. Sie nähern sich mit geschlossenen Augen dem Ort der Zubereitung und versuchen den Duft zu benennen.

Schnuppermemory   ab 4 Jahren

Material: *10 Filmdosen, Watte, Duftstoffe (z. B. geriebene Kräuter oder Duftöl auf einem Wattebausch)*

Alle sitzen im Kreis, die zehn Riechdosen mit fünf unterschiedlichen Düften stehen in der Kreismitte. Wie bei einem Memoryspiel müssen nun reihum zwei gleiche Düfte gefunden und benannt werden.

Riechbar   ab 4 Jahren

Material: *Getränke und/oder Speisen mit unverkennbaren Aromen (Orange, Banane, Kakao etc.)*

Die Nahrungsmittel in neutralen Gefäßen/Tellern aufstellen. Die Spieler (Augen verbinden) nehmen das Aroma auf und benennen das Nahrungsmittel. Wer es erriecht, darf es auch trinken/essen.

Blinder Spaziergang   ab 5 Jahren

Material: *Seil oder Absperrband, pro Spieler eine Augenbinde*

Vor Beginn des Spiels wird in einem Gelände ein Seil gespannt und mit einigen Knoten versehen. Die Kinder gehen mit verbundenen Augen an dem Seil entlang und bleiben an den Knoten stehen, um dort Naturgerüche (oder extra platzierte Gerüche) zu riechen.

Variante 1: Ein „sehendes" Kind führt ein „blindes" Kind durch dieses Gelände.
Variante 2: Akustische Eindrücke wahrnehmen.

Das riecht wie ...   ab 5 Jahren

Material: *Sonnencreme, Babyöl, Gewürze oder andere Dinge des alltäglichen Umgangs, evtl. Malstifte und Papier*

Jedes Kind wählt einen Geruch aus, der es an ein bestimmtes Erlebnis erinnert. Die Kinder erzählen oder malen ihre Erlebnisgeschichte.

Duftbilder   ab 5 Jahren

Material: *Wasserfarben, Pinsel, Malpapier, Riechdosen*

Duftdosen vorbereiten: In leere Fotofilmdosen wird mit unterschiedlichen Duftölen beträufelte Watte gelegt. Jedes Kind wählt eine Duftdose und malt mit Wasserfarbe seine Impressionen. Das getrocknete Bild mit der Duftwatte bestreichen.

Nasenspaziergang   ab 5 Jahren

Material: *Pfefferminzblätter, Lorbeerblätter, Nelken, Sternanis, Wacholderbeeren, Zimtstangen, Rosmarinnadeln, Lavendelzweige, Malstifte, Pappe in verschiedenen Formaten, selbst hergestellter Mehlkleister (½ l Wasser zum Kochen bringen, 200 g Mehl einrühren, abkühlen lassen)*

Die Kinder vergleichen die Düfte sowie die verschiedenen Formen, beschreiben ihre Empfindungen und Erinnerungen. Sie experimentieren und legen aus den Gewürzen nach Belieben verschiedene Bilder oder Muster. Wenn sie zu einem Ergebnis gekommen sind, können die Gewürze mit Mehlkleister aufgeklebt werden. Abschließend werden die Bilder für einen Nasenspaziergang in Nasenhöhe der Kinder an die Wand geheftet.

Schnüffelhunde   ab 5 Jahren

Material: *3–4 Duftöle in neutralen Behältern, 3–4 mit Duftöl beträufelte Stoffstücke*

Die Spieler untersuchen genau, welcher Duft zu welchem Stoffstück gehört.

Wie schmeckt der Duft?   ab 4 Jahren

Material: *verschließbare Dosen, gefüllt mit stark duftenden Esswaren (Zitrone, Schokolade, Zwiebel etc.)*

Mit geschlossenen Augen nimmt jedes Kind das Aroma einer kurz geöffneten Dose wahr und beantwortet die Frage: „Wie schmeckt der Duft?" Jeder hat drei Antwortversuche. Wer richtig rät, darf die nächste Dose auswählen und öffnen.

Schmeckspiele

... sind gustatorische Wahrnehmungsspiele, bei denen der Spieler zunächst die Gegenstände sehen, betasten und riechen muss, um dann nach vorher verabredeten Regeln den Geschmack zu bestimmen. Die vier Grundqualitäten des Geschmacks sind: süß und salzig (Zungenspitze), sauer und bitter (Zungengrund). Weitere Geschmacksreize entstehen durch Mischungen und die Verbindung von Riechen und Schmecken, da Mundraum und Nasenhöhlen miteinander verbunden sind. Mit zugehaltener Nase können viele aromatische Nahrungsmittel nicht mehr geschmeckt werden.

Förderungsbereiche: Merkfähigkeit, Erinnerungsvermögen, Begriffsbildung, Geschmacksunterschiede wahrnehmen

Einsatzmöglichkeiten: als Stille- und Konzentrationsübung, zur Motivation und als Themeneinstieg, bei Spielketten und Spielfesten (z. B. Kindergeburtstag)

Methodische Hinweise: Unter Beachtung der individuellen Befindlichkeit können dem Kind die Augen verbunden werden oder das Kind hält die Augen geschlossen. Die Lebensmittel können aber auch mit einem Tuch bedeckt werden. Bei der Auswahl der Lebensmittel mögliche Allergien der Kinder berücksichtigen!

Beerenhunger   ab 3 Jahren

Material: *Stachelbeeren, rote/schwarze Johannisbeeren, Preiselbeeren, Erdbeeren, Himbeeren, Heidelbeeren (von jeder Beerensorte sollte eine ausreichende Menge vorhanden sein, möglichst frische Beeren verwenden)*

Ein Kind schließt die Augen, ein anderes Kind nimmt eine Beere und steckt sie ihm in den Mund. Das Kind kostet die Beere, beschreibt den Geschmack und nennt den Namen der Beere. Anschließend probiert es mit offenen Augen zum Vergleich eine zweite Beere, Rollentausch.

Tipp: Aus den restlichen Beeren Kompott oder Marmelade herstellen.

Gaumenkitzel   ab 3 Jahren

Material: *Verschiedene Obstsorten (Banane, Apfel, Orange, Zitrone usw.) als ganze Frucht und in Stücken*

In einer Schale liegen sichtbar die ganzen Früchte. Die Spieler benennen sie nacheinander. Auf einem Teller sind die Obststücke angerichtet. Die Spieler versuchen, Obststücke und ganze Früchte einander zuzuordnen. Anschließend nimmt ein Mitspieler mit geschlossenen Augen ein Obststück, probiert es, benennt die Obstsorte und beschreibt die Geschmacksrichtung. Der nächste Mitspieler ist an der Reihe. Restliche Obststücke auf einen Holzspieß stecken.

Variante: Gemüsesorten erraten und als Abschluss eine Gemüsesuppe kochen.

Flipbar   ab 4 Jahren

Material: *Obstsäfte, Kräuter-/Früchtetee, Mineralwasser, Eiswürfel, Schüttelbecher, ein passendes Gefäß zum Mischen, Trinkbecher, Trinkhalme*

In einer Raumecke wird die Trink-Bar eingerichtet. Zwei Kinder mixen Flips. Die anderen Kinder schmecken und raten die dafür verwendeten Zutaten.

Variante: Bildrezepte der Lieblingsgetränke anfertigen.

Ich schmecke was ...   ab 4 Jahren

Material: *Bildkarten mit Abbildungen von Nahrungsmitteln (Obst, Gemüse, Zucker, Mehl, Rosinen, Kekse etc.)*

Nacheinander nimmt jeder Spieler eine Bildkarte und spricht den Vers:
„Ich schmecke was, was du nicht siehst
und das schmeckt *weich* und *süß*.
Was ist das?" (Banane)
Weitere Attribute: sauer, salzig, fest, glitschig, knusprig, rau, samtig ...

Variante: Die Kinder beschreiben ohne Bildkarte den Geschmack und die Beschaffenheit ihrer Lieblingsspeise, zur Erleichterung zusätzlich das Aussehen schildern.

Joghurttester ab 4 Jahren

Material: *Naturjoghurt, Fruchtjoghurt, Marmelade, frische Obststückchen, Honig*

Die Joghurtsorten auf Tellern verteilen, nacheinander probieren und den Geschmack ermitteln. Den Naturjoghurt anschließend in kleinen Portionen mit Obststückchen oder/und Honig vermengen. Nun alle Joghurtsorten testen und die Geschmacksunterschiede entdecken und beurteilen.

Süße Reihe ab 4 Jahren

Material: *Haushaltszucker, Honig, Sirup, Trockenobst, frisches Obst, Naturjoghurt, Fruchtjoghurt, Schokolade, Vollkornbrot*

Die Kinder untersuchen die Nahrungsmittel durch Schmecken und Kauen. Sie versuchen für sich festzustellen, was süß, was weniger süß schmeckt. Jedes Kind legt eine aufsteigende süße Reihe.

Teezeit ab 4 Jahren

Material: *Früchtetee in unterschiedlichen Sorten, frische Obststücke*

Den Tee entsprechend der Herstellerhinweise zubereiten. Die Kinder testen und bestimmen den Geschmack, auch in den verschiedenen Wärmegraden heiß, warm, kalt. Sie versuchen herauszufinden, welcher Tee ihnen am besten schmeckt und ergänzen den Geschmack mit passenden frischen Obststücken.

Zungenlabor ab 4 Jahren

Material: *Augenbinde, Zitrone, Rosinen, Salzstangen, Chicoree, Senf*

Die Nahrungsmittel liegen verdeckt auf Tellern. Die Kinder setzen die Augenbinde auf, probieren die Nahrungsmittel und ordnen sie nach den Grundrichtungen: süß, sauer, salzig, bitter, scharf.

Geschmacksprüfung ab 5 Jahren

Material: *4 Obstsorten (z. B.: Apfel, Birne, Trauben, Pflaume), 4 Gemüsesorten (z. B. Tomate, Gurke, Paprika, Radieschen), Teller, Messer, Malstifte in den Farben der Obst-/Gemüsesorten, Tücher zum Abdecken, pro Teilnehmer eine Bestimmungskarte (siehe Muster), Augenbinden*

Name:				
Abbildungen von Obst / Gemüse	✋	👂	👃	👄
🍎	☺	😐	☹	☺

Obst / Gemüse in Stücke schneiden und auf Tellern getrennt verteilen. Die Teller mit einem Tuch bedecken, Malstifte und Messer dazustellen. Die Mitspieler bilden Paare und gehen zu einem Tellerangebot. Hier verbindet ein Partner dem anderen die Augen und probiert das Obst / Gemüse, das der sehende Partner ihm reicht. Danach öffnet er die Augen und malt die Frucht in die erste Spalte der Bestimmungskarte und zeichnet seine Bewertungs-Smilies in die weiteren Spalten. Rollentausch. Das Wahrnehmungsspiel endet, wenn jeder seine Karte ausgefüllt hat. Im Gesprächskreis stellt nun jeder sein Lieblingsgemüse oder Lieblingsobst vor und beschreibt es. Alle Karten werden im Anschluss aufgehängt.

Zum Abschluss stellen die Kinder aus den Resten einen Obstsalat und einen Gemüsesalat her. Beide Salate werden ebenfalls mit Smilies bewertet.

Bärenjagd und Märchen-Allerlei

Sprachspiele

... sind Spiele mit Wörtern und deren Bedeutungen, mit sprachlichen Bildern, aber auch der spielerische Umgang mit der Grammatik und der Aussprache. Für den Spracherwerb und die Sprachentwicklung sind Sprachspiele sehr bedeutsam. Die ungezwungene Auseinandersetzung mit der Alltagssprache im Spiel trägt zur Verbesserung von Artikulation und Wortverständnis bei. Durch die typischen Wiederholungen werden Kinder zum Mitsprechen und Mitsingen angestiftet. Besonders in Kombination mit Körperbewegungen regen Sprachspiele kreatives Denken, innere Vorstellungsbilder und die Sprechlust an. Der experimentelle Umgang mit Sprache und die Produktion eigener Wortschöpfungen fördern die Sprachkompetenz, also auch die geistige Entwicklung. Die spielerischen Wiederholungen festigen das Gehörte, bauen Sprechhemmungen ab, erweitern Mitteilungsfähigkeit, Merkfähigkeit und Wortschatz und unterstützen Fantasie, Kreativität und Konzentrationsvermögen.
Abzählreime, Erzählspiele, Handklatschspiele, Mal- und Schreibspiele, Rätselreime, Spielverse, Gedichte, Zaubersprüche und Zungenbrecher ermöglichen unkomplizierte Kontaktaufnahme und Interaktion.
Sprachspiele können zu fast jeder Gelegenheit, als Partner- oder Gruppenspiel, durchgeführt werden und Kinder verschiedener Sprach-Herkunft treten auf diese spielerische Weise miteinander in Kontakt. Sprachspiele in einer anderen Sprache als der Muttersprache eröffnen spielerisch den Zugang zu einer anderen Kultur. Unterstützt durch Neugierde und Sprechfreude ergänzen Kinder

ihre Zweitsprache, ihr Wissen über Lieder und Verse aus anderen Regionen und fremden Ländern. Gesteigertes Selbstbewusstsein und Toleranz sind die Folge, nicht nur bei Kindern mit Migrationshintergrund, sondern auch bei deutschen Kindern.

Erzählspiele und Mitmachgeschichten

... sind Kommunikationsspiele, die auf unbefangene Art verbalen Kontakt zu Kindern oder Erwachsenen herstellen. Fantasiegeschichten, Mitmachgeschichten, Bewegungsgeschichten und Nonsensgeschichten fordern und fördern das aktive Zuhören. Sie bereiten Spaß und Freude und wecken die Lust am fantasievollen, kreativen und spielerischen Umgang mit Wortbedeutungen und der eigenen Sprache.

Förderbereiche: Wortschatzerweiterung, Vorstellungsvermögen, Konzentrationsfähigkeit, Entspannung, Abbau von Sprachhemmungen, Kombinations- und Merkfähigkeit, Fantasie

Einsatzmöglichkeiten: situativ, im Rahmen von Thementagen oder -wochen, bei gemeinsamen Veranstaltungen mit den Eltern.

Methodische Hinweise: Die Spielleitung oder ein Spielteilnehmer gibt ein Beispiel vor, alle Spielteilnehmer werden einbezogen und ihre Sprechbeiträge werden positiv beachtet, wobei keiner bloßgestellt wird. Spontane Spielvariationen zulassen und das Ende der Sprechspielzeit rechtzeitig ankündigen.

Die Reise zu den Planeten   ab 3 Jahren

Material: pro Kind 1 Reifen (verteilt im Raum auslegen, es sind die Raumschiffe)

Spielleitung: Alle besteigen ihr Raumschiff und starten *(Reifen auf den Boden klopfen).*

Alle rufen: Der Countdown läuft: 10, 9, 8, 7, 6, 5, 4, 3, 2, 1. *(Während des Zählens den Reifen immer höher bis zur Hüfte heben, im Raum herumfliegen und den Liedrefrain singen:)*

Knall, bum, knall,
wir fliegen jetzt ins All,
fliegen schneller als Raketen
hin zu anderen Planeten,
zählen nun bis vier
und schon landen wir.

Spielleitung: Wir landen auf dem Feuerplaneten *(den Reifen wieder senken)*. Auf dem Feuerplaneten laufen alle Bewohner nur auf Zehenspitzen, als würde es an den Füßen brennen ... *(entsprechend trippeln)*. Wir fliegen weiter, alle besteigen ihr Raumschiff und starten: ‚Der Countdown läuft ...'

Weitere Planeten-Landestellen:
Roboterplanet: Hier kann man sich nur wie Roboter bewegen ...
Zeitlupenplanet: Hier bewegen sich alle ganz langsam ...
Wasserplanet: Hier schwimmen alle auf dem Boden ...

Nach der endgültigen Landung bilden die Kinder mit ihren Reifen einen Kreis, alle ruhen sich im Sitzen aus und jeder erzählt von seinem Lieblingsplaneten.

Die Elefantenherde ab 4 Jahren

Beim ersten Durchgang erzählt die Spielleitung die Geschichte und führt die entsprechenden Bewegungen aus (bei der anschließenden Wiederholung beteiligen sich die Zuhörer).

- Umba-umba Nero-nero: *im (jeweils entsprechenden) Schritttempo sprechen, dazu rhythmisch mit flachen Händen auf die Oberschenkel schlagen*
- Gähnen: *mit ausgestreckten Armen in die Hände klatschen*
- Rüssel: *mit der Hand die Nase fassen, den anderen Arm durch die Armöffnung strecken*
- Trinken: *mit dem Mund Schlürfgeräusche machen*

Tief im Urwald lebte eine Herde Elefanten. Der alte Elefantengroßvater, der stampfte immer so durch den Urwald – Umba umba umba Nero *(dreimal mit tiefer Stimme sprechen)*. Seine Frau Josefine, die trippelte immer – Umba umba umba Nero *(dreimal mit hoher Stimme)*.

Dann gab es noch eine vornehme Elefantentante, die stolzierte immer – Umba umba umba Nero *(dreimal mit nasaler Stimme)*. Und ein kleines Elefantenbaby, das hatte es immer sehr eilig und es lief immer – Umba umba umba Nero *(dreimal ganz schnell sprechen)*.

Eines Tages wollten die Elefanten auf dem großen Palaverplatz ein Palaver abhalten.

Sie trafen sich alle und dann ging es los: Palaver, palaver, palaver, palaver *(schnell sprechen und hin und her schauen)*.

Das war dem Elefantenbaby zu langweilig. Leise schlich es fort: Umba umba umba Nero *(dreimal mit leiser Stimme sprechen)*.
Und als es keiner mehr sehen konnte, rannte es so schnell es konnte zum Fluss: Umba umba umba Nero *(dreimal in schnellem Tempo)*.
Unten am Fluss lag ein altes Krokodil und *gähnte*. Das Elefantenbaby steckte seinen *Rüssel* in das Wasser und trank. Da schnappte das Krokodil zu und das Elefantenbaby war gefangen. Laut schrie es um Hilfe: Mama, Mama, Mama, Mama!
Das hörte seine Mutter am Palaverplatz. Schnell rannte sie los: Umba umba umba Nero *(dreimal schnell)*. Als sie sah, was da los war, streckte sie ihren *Rüssel* ins Wasser und *trank* und trank. Dann hielt sie ihn auf das Krokodil und spritzte. Vor Schreck riss das Krokodil das Maul weit auf – und das Elefantenbaby rannte schnell fort: Umba umba umba Nero *(dreimal schnell)*.
Jetzt musste dass Krokodil Fische fressen.

Die müde Schnecke   ab 4 Jahren

Es war einmal eine Schnecke, die war immer müde. Schon morgens, kurz nach dem Aufstehen, fing sie wieder an zu gähnen. Nachdem sie gefrühstückt hatte, musste sie sich ausruhen und später, auf dem Weg zu ihrem Kindergarten, kroch sie ganz langsam und blieb oft stehen, um sich auszuruhen. Im Kindergarten spielten viele gut gelaunte Kinder, die bauten hohe Türme, verkleideten sich als Krümelmonster, sahen sich ein Bilderbuch an oder tobten einfach auf der Wiese. Nur die Schnecke saß schlapp in der Ecke und schaute dem Trubel gelangweilt zu.
Eines Tages fragte der Frosch: „Warum spielst du nicht mit uns? Bist du krank?" „Ach nein!", antwortete Schnecke, „hab keine Lust, ich bin müde, ich weiß auch nicht warum." Langsam machte er sich Sorgen um seine Freundin, wie konnte er ihr nur helfen?
Er wollte seine Freundin aufmuntern und sagte: „Komm Schnecke, dann gehen wir zusammen frühstücken. Heute gibt es mein Lieblingsfrühstück: Haferflocken mit Erdbeeren und Milch und noch leckere Apfelschorle." „Ach nee", antwortete Schnecke, „Schokocreme mit Weißbrot wäre mir lieber! Außerdem mag ich nur süße Limonade aus den kleinen Päckchen. Apfelschorle kenne ich nicht."
Ratlos zuckte Frosch die Schultern. Er dachte nach: Immer ist Schnecke müde, nie hat sie Lust zu spielen oder mit mir zu frühstücken! Was ist bloß mit ihr los?

Plötzlich hatte er eine Idee. Im Wald nebenan wohnte doch die alte Eule und alle sagten, alte Eulen seien sehr klug. Vielleicht konnte die Eule der Schnecke helfen.
Nach dem Kindergarten, auf dem Weg nach Hause, erklärte der Frosch der Schnecke seinen Plan: „Du, heute Nachmittag besuchen wir die alte Eule im Wald und fragen sie, warum du immer so schlapp bist!" Schnecke war 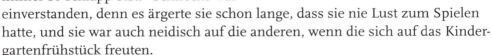 einverstanden, denn es ärgerte sie schon lange, dass sie nie Lust zum Spielen hatte, und sie war auch neidisch auf die anderen, wenn die sich auf das Kindergartenfrühstück freuten.

Im Wald bei der Eule angekommen, berichteten Frosch und Schnecke der alten Eule von Schneckes Problem. Lange schwieg die Eule. Frosch und Schnecke dachten schon, sie sei eingeschlafen. Aber dann öffnete sie wieder ihre Augen und stellte Schnecke zwei Fragen: „Was isst du zum Frühstück?" „Was trinkst zum Frühstück?

Schnecke überlegte kurz: „Wenn ich frühstücke, dann am liebsten Schokocreme auf Weißbrot und Limonade aus dem Trinkpäckchen!", antwortete sie schnell.

Wieder schwieg die Eule eine Weile und mit geschlossenen Augen krächzte sie:

„Jeden Morgen einen Apfel,
jeden Morgen Kräutertee und dazu noch Haferflocken,
Joghurtcreme ist auch okay.
Lass die Limo in der Schachtel,
Schokocreme im Glase stehn,
dann, nach ungefähr sechs Tagen,
wird es dir schon besser gehn."

Frosch und Schnecke schauten sich ratlos an. Bevor sie jedoch etwas fragen konnten, war die Eule auf und davon geflogen. Was meinte die Eule nur? Sie überlegten und überlegten, bis Schnecke plötzlich stöhnte: „Soll ich etwa jeden Morgen Apfelflocken mit Hafertee auf Kräuterjoghurtbrei essen?" Frosch kicherte und sagte: „Nein, da hast du was falsch verstanden. Ich glaub, das ging so:

„Jeden Morgen einen Apfel,
jeden Morgen Kräutertee und dazu noch Haferflocken
Joghurtcreme ist auch okay.

Lass die Limo in der Schachtel,
Schokocreme im Glase stehn,
dann, nach ungefähr sechs Tagen,
wird es dir schon besser geh'n."

„Dann krieg ich ja gar keine Schokocreme mehr!", jammerte Schnecke. „Aber, ich kann es ja trotzdem versuchen. Machs gut bis morgen, vielen Dank für deine Hilfe." Sie verabschiedeten sich.
Auch der Frosch dachte weiter über die rätselhaften Worte der Eule nach. Ob sie wohl den Esskreis aus dem Kindergarten meinte, den Frau Müller gestern mit ihnen ausgeschnitten hatte? Er konnte Frau Müller ja mal fragen.
Als der Frosch am nächsten Morgen in den Kindergarten hüpfte, wäre er an der Gartenecke fast mit der Schnecke zusammengestoßen, solch ein Turbotempo hatte sie drauf. Und später spielte sie lange mit den anderen und frühstückte sogar zusammen mit Frosch. „Ich fühle mich so gut!", rief sie. „Ich habe richtig fabelhaft gefrühstückt!"

Variante 1: Die Spielleitung erzählt die Geschichte mit drei Handpuppen: Schnecke, Frosch, Eule und beteiligt die Kinder mit gezielten Fragen an der Problemlösung.
Variante 2: Abschließend sortieren die Kinder die Abbildungen von Obstsorten, Brot, Getreideflocken, Kräuter-/Früchtetee, Mineralwasser, Milch, Joghurt zu einer Pyramide und kommentieren ihre Entscheidungen.
Variante 3: Andere Identifikationsfiguren wählen und gemeinsam mit den Kindern eine Mittagessen- oder Abendessen-Geschichte erfinden.

Eine Mondreise   ab 4 Jahren

Die Spielleitung erzählt die Geschichte und die Kinder führen dazu gemeinsam pantomimische Bewegungen durch.

Wir machen eine Reise zum Mond. Wer mit will, zieht zunächst den Astronautenanzug an. Erst stecken wir das rechte Bein hinein, dann das linke Bein, dann den rechten Arm und den linken Arm, und zum Schluss ziehen wir den Reißverschluss am Bauch zu. Jetzt sind die riesigen Mondkraterstiefel dran: Erst schieben wir den rechten Fuß hinein, dann den linken Fuß und stampfen mit beiden Füßen fest auf.
Als Nächstes müssen wir die Mondrakete mit viel Luft volltanken, dazu müssen wir ganz tief Luft holen und kräftig pusten. Und noch einmal. So, das wär

geschafft, den Tankdeckel zuschrauben, den Mondfahrerhelm aufsetzen, gut festzurren und in die Rakete steigen.

(Alle Spieler stellen sich hinter die Spielleitung und halten sich an der Hüfte des Vordermannes fest!)

Alle gehen in die Hocke, der Countdown läuft, wir zählen mit: 10-9-8-7-6-5-4-3-2-1-0 und ab geht der Flug. Wir starten ins Weltall. Achtung, auf der linken Seite ein Planet, wir müssen eine scharfe Rechtskurve machen. Schnell die Köpfe nach unten nehmen, ein Raumschiff fliegt über uns hinweg. Glück gehabt, jetzt kommt noch von der rechten Seite ein kleiner Meteor, wir fliegen eine lange Linkskurve. Geschafft, weiter geht's. Wir überqueren die Milchstraße, da sind viele Sterne zu sehen. Oje, das ruckelt aber gewaltig. Schnell die Köpfe wieder einziehen, das andere Raumschiff kommt uns wieder entgegen. Nun noch eine scharfe Linkskurve und da unter uns liegt der Mond. Wir umrunden ihn ganz langsam und dann machen wir uns auf den Heimweg. Wir fliegen ganz schnell und schneller und immer schneller. Stopp und hurra, wir sind gelandet!

Am Ende der Mondreise erzählen die Kinder mit Hilfe des Mondsteines (ein Stein wandert von einem Kind zum nächsten. Nur wer den Stein in den Händen hält, darf sprechen) von ihren Reiseeindrücken. Bei Bedarf können die Kinder ihre Vorstellungen auch malen.

König Grrr und seine drei Töchter Sssst, Bufff und Schmatz
ab 4 Jahren

Die Spielleitung stellt zunächst den Zuhörern die Personen, die in der Geschichte vorkommen, mit dem entsprechenden Geräuschwort und der Gestik vor. Alle üben gemeinsam. Dann die Geschichte erzählen.

- König Grrr = *Hände an den Kopf legen, heftig schütteln, dazu laut „grrr" machen*
- Dünne Tochter Sssst = *Hände zusammenlegen, schnell von oben nach untern ziehen*
- Dicke Tochter Oooh = *Hände ineinander falten und einen dicken Bauch andeuten*
- Süße Tochter Schmatz = *Kusshand machen*
- Prinz Olala = *mit einem Zeigefinger auf Stirnhöhe beim Olala schnell kreisen*
- Koch Prust = *einen Arm vor dem Oberkörper beugen, mit dem anderen Arm rühren*
- Nein = *Kopf schütteln und abwinken*
- Reiten = *Hände auf Oberschenkel klopfen*
- Traurig = *trauriges Gesicht machen*
- Schleichen = *Hände über die Oberschenkel reiben*
- Tür = *leise quietschen, so tun, als öffne man sie,*
- Anzahl = *mit den Finger zeigen*

Vor langer, langer Zeit lebte einmal ein König, der hieß König Grrrr. Dieser König Grrrr hatte drei Töchter: die dünne Tochter Sssst, die dicke Tochter Bufff und die süße Tochter Schmatz. Eines Tages kam der hübsche Prinz Olala dahergeritten und hielt am Schloss. Er stieg die Treppen hinauf und klopfte. König Grrrr öffnete die Tür. „Oh, Prinz Olala", sagte König Grrrr, „was führt dich hierher?" „Lieber König Grrrr", sagte der Prinz Olala, „ich möchte so gerne die süße Tochter Schmatz heiraten!" „Nein, nein, nein!", sagte König Grrrr. „Bevor die süße Tochter Schmatz heiratet, muss zuerst die dünne Tochter Sssst heiraten und die dicke Tochter Bufff!" Traurig ritt der Prinz davon. Doch eines Nachts hatte er eine Idee: Er nahm seinen Zauberschlüssel und ritt so schnell er konnte zum Schloss. Er stieg vom Pferd, schlich die Stufen hinauf, nahm seinen Zauberschlüssel und öffnete die Tür. Ganz leise schlich er hinein und stieg die Treppen zu den Schlafgemächern hinauf.

Er schlich zur ersten Tür, öffnete sie, und da lag: die dünne Tochter Sssst! Wollte er die heiraten? – Nein.

Er schlich zur zweiten Tür, öffnete sie, und da lag die dicke Tochter Bufff. Wollte er die heiraten? – Nein.

Er schlich zur dritten Tür, öffnete sie, und da lag der König Grrrr. Wollte er den heiraten? – Nein.
Er schlich zur vierten Tür, öffnete sie, und da lag der dicke Koch Prust. Wollte er den heiraten? – Nein.
Er schlich zur fünften Tür, öffnete sie, und da lag die süße Tochter Schmatz. Wollte er die heiraten? – Ja.
Er nahm sie auf den Arm und ging so schnell er konnte zurück zu seinem Pferd. Sie ritten zu seinem Schloss und feierten ganz groß ihre Hochzeit. Sie lebten glücklich und zufrieden. Und wenn sie nicht gestorben sind, dann leben sie noch heute.

Erzählbasar   ab 5 Jahren

Material: *verschiedene Kopfbedeckungen (z. B.: Hut, Kopftuch, Krone, Schleier, Zylinder)*

Alle Mitspieler sitzen im Halbkreis, die Kopfbedeckungen liegen auf dem Boden in der Halbkreismitte. Jeder wählt eine beliebige Kopfbedeckung und setzt sie auf. Der erste Erzähler setzt sich vor den Halbkreis und beginnt mit der Kettengeschichte, wobei er passend zu seiner Kopfbedeckung eine Rolle einnnimmt, z. B. „Ich bin Flexus, der Zauberer. Ich trage einen Zylinder und möchte euch meine Geschichte erzählen. Also, vor langer Zeit, ich hatte einige Zaubersprüche vergessen, und ich wollte mich mit der Hexe Knabberzahn treffen, damit sie mir hilft. Im Park traf ich eine Person mit einer Krone, die sagte …" Der Mitspieler mit der Krone setzt sich vor den Halbkreis, stellt sich mit seinem Erzählernamen vor und setzt die Geschichte fort: „Ich heiße …", bis er den nächsten Erzähler auffordert usw. Wenn alle Mitspieler an der Reihe waren, ist die Geschichte zu Ende und der Erzählbasar wird geschlossen.

Variante: Jeder Mitspieler erzählt eine Geschichte mit einem Anfang und einem Ende.

Filmstar sein   ab 5 Jahren

Material: *ein leeres Fernsehgehäuse oder ein Rahmen aus Pappe, Verkleidungsmaterialien, Schminke*

Mit Hilfe von Verkleidungsmaterialien und Schminke schlüpfen die Kinder in die Rolle eines Filmstars. Danach setzen sie sich hinter ein leeres Fernsehgehäuse und stellen sich den anderen Kindern in ihrer Rolle vor: Sie berichten, wo und wie sie leben, was sie gerne/nicht gerne tun/essen usw.

Geschichten erzählen   ab 5 Jahren

Material: *Fotokamera, Verkleidungsmaterialien*

Die Kinder verkleiden sich und spielen Ereignisse oder Geschichten im Rollenspiel nach. Einzelne Standbilder werden mit der Fotokamera festgehalten. Die Kinder bringen anschließend die Bilder in eine Reihenfolge und erzählen dazu eigene Geschichten.

Variante: Zu den Bildern wird die Geschichte auf dem Kassettenrekorder aufgenommen und mit Liedern und Geräuschen ergänzt.

Wer bin ich?   ab 5 Jahren

Material: *Kassettenrekorder*

Die Spielleitung führt mit jedem Kind in der Gruppe ein kurzes Interview, das mit dem Kassettenrekorder aufgenommen wird. Der Name des Kindes darf dabei nicht genannt werden. Fragen nach Haarfarbe, Augenfarbe, Kleidung, Wohnort, Spielfreund, Lieblingsspiel, Lieblingsessen usw. sind hilfreich. Denn dann werden die Interviews den Kindern in der Gruppe vorgespielt und sie müssen raten, um wen es sich jeweils handelt.

Das Märchen „Allerlei"   ab 5 Jahren

Die Spielleitung erzählt das Märchen „Allerlei", darin sind elf Fehler versteckt. Die Kinder müssen die Fehler herausfinden. Als Hilfestellung liegen Symbole aus den elf Märchen in der Kreismitte.

Es war einmal ein König. Der hatte lange kein Kind gekriegt. Da schnitt er sich in den Finger und sprach: „Blau wie Blut, schwarz wie die Nacht." Nun kriegte er gleich zwei: ein Mädchen und ein Bübchen. Das Mädchen wurde Gretel genannt, denn es trug immer ein Käppchen von rotem Samt. Das Bübchen nannten sie Hans-Christian. Er wollte sich sogleich auf den Weg zur Großmutter machen, um ihr eine Flasche Milch, Schinken und Brot zu bringen. Unterwegs traf er auf den Wolf, der ihn freundlich fragte: „Wo hinaus so früh, Hans-Christian?" „Zur Großmutter." „Was trägst du unter deiner Schürze?" Da zeigte er seinen gefüllten Korb. Da der Wolf großen Hunger hatte, freute er sich schon darauf, den Schinken zu essen und sagte: „Da läuft mir ja das Wasser im Munde zusammen" und zog mit. Nicht lange danach saß am Weg ein Geißlein mit einem Gesicht wie drei Tage Regenwetter. „Nun, was ist dir in die Quere gekommen?", fragte Hans-Christian. „Geh mit uns nach Bremen, da kannst du Stadtmusikant werden." Nach einiger Zeit kamen die drei auf einen hohen Berg, wo ein lächerliches Männlein um ein Feuer hüpfte und sang: „Heute back' ich, morgen brau' ich. Ach, wie gut, dass niemand weiß, dass ich Aschenputtel heiß!" Da erschrak das Bübchen und lief weg. Wenig später hörte es rufen: „Knusper, knusper, knäuschen, wer knuspert an meinem Häuschen?" Und wie jemand antwortete: „Der Wind, der Wind, das himmlische Kind", da erkannte das Bübchen die Stimme seines Schwesterchens. Nun machten sich Brüderchen und Schwesterchen gemeinsam auf. Doch als Schwesterchen aus einem Brunnen trank, fiel es hinein. Dabei verlor es die Besinnung, und als es wieder zu sich kam, war es auf einer Wiese mit tausend Blumen, wo es aus einem Backofen schrie: „Ach, zieh mich raus, sonst verbrenn ich." „Da hätt ich Lust, mich schmutzig zu machen", sagte das Mädchen, ging an wunderschönen Äpfeln vorbei zu einem Spiegel, darin es sich beschaute, und sprach: „Spieglein, Spieglein an der Wand, wer ist die Schönste im ganzen Land?" Der antwortete: „Kikeriki, unsere schmutzige Jungfrau ist wieder hie." Da fing das Mädchen an zu weinen. „Sei still und weine nicht", rief ihm jemand zu, es sah

um sich und erblickte einen garstigen Frosch. Wie der zu ihr gekrochen kam, ward es bitterböse, fasste ihn und warf ihn gegen den Spiegel. Als er herabfiel, war er kein Frosch mehr, sondern Hans im Glück. Der bückte sich und gab dem Mädchen einen Kuss, dass es aus seinem hundertjährigen Schlaf erwachte. Als das die sechs Geißlein sahen, kamen sie herbeigelaufen und tanzten mit ihrer Mutter vor Freude um die beiden herum. Und wenn sie nicht gestorben sind, tanzen sie heute noch.

Am Ende des Märchens „Allerlei" werden die Gegenstände den einzelnen Märchen zugeordnet.

Blitzgewitter   ab 6 Jahren

Das Ziel des Spiels ist es, den Spieler zum Lächeln zu bringen. Dem Spieler werden verschiedene Fragen gestellt, worauf er nur mit dem Wort „Blitzgewitter" (oder einem anderen Wort, das die Mitspieler ausgewählt haben) antworten darf, egal was gefragt wird, z. B.:
Frage 1: Was gefällt dir am besten? Antwort: Blitzgewitter!
Frage 2: Was hast du zum Frühstück gegessen? Antwort: Blitzgewitter!
Frage 3: Womit hast du dich heute Morgen gewaschen? Antwort: Blitzgewitter!
Wenn der Fragende den Antwortgeber zum Lachen bringt, darf er in der nächsten Runde die Antworten geben. Er denkt sich einen neuen Begriff als Antwort aus.

Geschichten würfeln   ab 6 Jahren

Material: *1 Bilderwürfel*

Einen Würfel aus Pappe herstellen, ca. 10 x 10 cm; auf jede Würfelseite eine Klarsichtfolie als „Tasche" kleben. In diese Tasche werden von den Teilnehmern gemalte oder ausgeschnittene Bilder oder Fotos gesteckt. Der erste Spieler erzählt zu dem gewürfelten Bild den Anfang einer Geschichte (etwa zwei bis drei Sätze), der zweite Spieler würfelt und führt die Geschichte fort.

Variante: Mehrere Bilderwürfel einsetzen und die Bilder in einer Geschichte verbinden.

Abzählreime

... sind Verse, die meistens zu Beginn von Fang- und Versteckspielen gesprochen werden, um den ersten Fänger bzw. Sucher zu bestimmen oder Entscheidungen spielerisch herbeizuführen. Bei vielen Abzählreimen werden die magischen Zahlen drei bzw. sieben sowie beschwörende Lautkombinationen benutzt, häufig werden sie in einem leiernden Rhythmus gesprochen.

Förderbereiche: Zählvermögen, Sprechfreude, Artikulationsfähigkeit, soziale Kompetenzen (Entscheidungen akzeptieren)

Einsatzmöglichkeiten: Zur Auswahl und Bildung von Mannschaften oder als „Spielstarter", zur spielerischen Entscheidungsfindung, zur Einstimmung oder als Ausklang einer besonderer Spielaktivität, wenn die Kinder sich nicht einigen können.

Methodische Hinweise: Zwei und mehr Spieler stehen sich (im Kreis) gegenüber. Ein Kind spricht den Abzählvers, wobei es in der Regel im Uhrzeigersinn auf jeden einzelnen Mitspieler zeigt. Die Gruppe verständigt sich vorher darüber, ob lediglich eine Runde gezählt wird oder ob so lange wiederholt wird, bis einer übrig bleibt.

Eins, zwei, drei,
alt ist nicht neu,
neu ist nicht alt,
heiß ist nicht kalt,
kalt ist nicht heiß,
schwarz ist nicht weiß,
hier ist nicht dort,
du musst jetzt fort.

Geht ein Zwerg über'n Berg.
Trägt 'nen Sack, huckepack.
Reißt der Sack, rickerack,
Schabernack, du bist ab.

Icki, bicki, Knallbonbon,
icki, bicki buu.
Icki, bicki Knallbonbon,
raus bist du!

Knusper, knusper, knäuschen
wer knuspert an dem Häuschen?
Und schon kommt die Hexe raus,
du bist aus.

Eene, meene, mopel,
Prinzessin Rotz isst Popel,
der König hat's gesehn
und du kannst gehn.

1, 2, 3, 4, 5
der Storch hat keine Strümpf,
der Frosch, der hat kein Haus,
und du musst raus!

Lirum, larum Schmorgelschreck,
Katzenhaar und Mäusedreck,
eins der Kinder ist gleich weg.

Ringel, Ringel, Reih',
die Henne legt ein Ei.
Da kam der O-pa-pa
und aß das Ei im Nu.
Das Ei ist weg
und raus bist du.

Ritze, ratze, Katzentatze,
Zaubrer Zapp hat eine Glatze.
Rattengift und Mäusespeck –
du bist weg.

Eine kleine Rennmaus
lief ums Kaufhaus.
Sie wollte sich was kaufen,
hatte sich verlaufen,
renniflipp, renniflapp
und du bist ab.

Erzähl mir kein Märchen
von dem Schneehuhn Klärchen,
von dem Häschen Klaus
im bitterkalten Haus,
denn du bist raus

Rapunzel, lass dein Haar herab,
die Zauberin schneid't Zöpfe ab.
Ne Turmfrisur will keiner sehn,
du kannst gehn.

1, 2, 3, 4, 5, 6, 7
eine alte Hex kocht Rüben,
eine alte Hex kocht Speck,
du bist weg.

1, 2, 3,
auf der Treppe liegt ein Ei,
wer drauf tritt,
spielt nicht mit.

Dem Bäcker aus dem Weihnachtsland
Sind alle Kekse schnell verbrannt.
Kohlrabenschwarz seh'n sie jetzt aus
1, 2, 3 – und du bist raus.

Apfel, Nuss und Mandelkern
essen alle Kinder gern,
jedes isst so viel es kann,
du bist dran.

Es war einmal ein Mann,
der hatte keinen Kamm.
Er wollt' sich einen kaufen,
da hat er sich verlaufen.
Er fuhr dann mit der
Eisenbahn,
weit weg bis nach
Kasachstan.
Du bist dran.

Schneeballkönig
wirft den Ball,
Schneeballkönig trifft
überall,
Schneeballkönig sein
ist fein,
du sollst es sein.

Plitsch und Platsch,
zwei Wassertröpfe,
fallen auf die Blumenköpfe,
springen in den Bach hinein –
du mussts sein.

Heißt du Hinz? Heißt du Hans?
Heißt du etwa Firlefanz?
Ach wie gut, dass jemand weiß,
dass du *Emily* heißt.
Woll'n mal seh'n,
ob das auch stimmt (*nachfragen*).
Wer's nicht glaubt, beginnt.

Itzli, pitzli, Pflaumenmus,
rate mal, wer würfeln muss?
Itzli, pitzli bu, nämlich du!

Auf einem Berg aus Schnee,
da saß 'ne schöne Fee,
es fror ihr fast die Nase ein,
du musst es sein.

Erster, zweiter,
dritter, vierter,
fünfter, sechster,
siebter, achter,
neunter, zehnter,
du kommst rein,
du musst es sein.

Spieglein, Spieglein, an der Wand,
Schneewittchen, die ist weggerannt,
zu den sieben Zwergen,
hinter sieben Bergen.
Kam der Prinz, gab ihr 'nen Kuss,
du bist der, der suchen (*fangen*) muss.

Eins, zwei, drei, ene, mene, mei,
ene, mene, subtrahene,
König Frosch hat krumme Bene,
ene meine mei, du bist frei.

Simsalabim – 's ist halb so schlimm,
simsalabum – dreh dich nicht um,
simsalabein – was willst du sein,
simsalabaff – ein schwarzer Aff,
simsalabaschen – Einkaufstaschen,
simsalabuchen – du musst suchen,
simsalabei – du bist frei.

Äpfel, Birnen und Spinat,
Sauerkraut und Kopfsalat,
schau, wer an der Reihe ist,
sag mir jetzt, wie alt du bist.

Auf dem bi-ba-bunten Berge
wohnen bi-ba-bunte Zwerge.
Und die bi-ba-bunten Zwerge
haben bi-ba-bunte Kinder.
Und die bi-ba-bunten Kinder
spielen jeden Tag bis drei:
Eins, zwei, drei, du bist frei.

Handklatschspiele

... sind rhythmisch gesprochene Reim- und Spiellieder, die mit Klatschbewegungen begleitet werden. Dabei klatschen zwei Spieler in verschiedenen Positionen und unterschiedlicher Reihenfolge in die Hände. Bei Handklatschspielen erproben Kinder gezielt ihre Geschicklichkeit und Schnelligkeit, prägen sich leichter die Verse und Textinhalte ein und erlernen dabei auch fremde Sprachen auf spielerisch leichte und unkomplizierte Weise. Durch das Vormachen – Nachmachen und die Wiederholungen von Text, Bewegungen, Melodie im Spielkreis werden Denkstrukturen ausgebildet, die für das Sprachverständnis wichtig sind. Kinder lernen bekanntlich nicht nur mit dem Gehör, wobei langsames, schnelles, lautes, leises Sprechen mit zögernder oder forscher Gestik den Textinhalt betont, sondern mit allen Sinnen. Bei rhythmischen Sprechgesängen lernen Kinder schon früh den Wortrhythmus kennen. Diese spielerische Auseinandersetzung mit der Sprache kann einer Lese-Rechtschreib-Schwäche (kurz LRS) vorbeugen. Bei manchen Spielen ist eine hohe Konzentrations- und Koordinationsfähigkeit gefragt. Durch gleichzeitige sowie gegenläufige Bewegungen von Händen und Armen werden beide Gehirnhälften angesprochen.

Förderbereiche: Spielfreude, Körpergeschicklichkeit, Kommunikations- und Koordinationsvermögen, spiegelbildliche Bewegung, Reaktionsvermögen

Einsatzmöglichkeiten: situativ, zur Überbrückung von Wartezeiten, zur Einstimmung auf eine Spielaktion

Methodische Hinweise: Den Text gleichzeitig mit dem Klatschrhythmus langsam vorsprechen und vormachen bzw. mitmachen lassen, später das Tempo steigern.

Bei Müllers hat's gebrannt   ab 4 Jahren

Bei Müllers hat's gebrannt -brannt -brannt,
da bin ich hingerannt, -rannt, -rannt.
Da kam ein Polizist, -zist, - zist,
der schrieb mich auf die List', List', List'.
Die List', die fiel in' Dreck, Dreck, Dreck,
da war mein Name weg, weg, weg.
Da lief ich schnell nach Haus, Haus, Haus,
zu meinem Bruder Klaus, Klaus, Klaus,
und die Geschicht' war aus, aus, aus.

Abwechselnd in die beiden Hände des Partners, dann in die eigenen Hände klatschen. Bei den Wortwiederholungen dreimal in die Hände des Partners klatschen.

Die Reise nach Amerika   ab 4 Jahren

Ich reise nach Amerika, wer will mit?
Die Katze mit dem langen Schwanz, die muss mit!
Abschlussvers:
Ach du dummer Schaffner, was hast du denn gemacht?
Du hast uns statt nach Amerika nach *Iserlohn* gebracht! (*beliebige Stadt nennen*)

Alle Spieler sitzen um den Tisch und legen ihre Hände mit hochgestrecktem Daumen auf die Tischplatte. Die Hand der Spielleitung kreist zunächst über den Händen. Bei dem Zeilenende „muss mit" greift sie sich einen der Daumen und nun kreisen beide Hände zusammen. Bei den Wiederholungen werden nacheinander die weiteren Daumen gegriffen. So entsteht allmählich ein hoher Turm. Wenn alle Daumen im Spiel sind, sprechen alle zusammen den Abschlussvers und unter allgemeinem Gezappel löst sich der Turm auf.

Märchenhafte Handklatschspiele (Texte: vom Wege/Wessel)   ab 4 Jahren

Schni-Schna-Schneiderlein,
warum willst du so tapfer sein?
Ich will so stark und tapfer sein,
ich bin das tapfre Schneiderlein

Dri-Dra-Drosselbart,
warum trägst du 'nen spitzen Bart?
Ich trage einen spitzen Bart,
drum heiß ich König Drosselbart.

Di-Da-Däumeling,
was bist du für ein winzig Ding?
Ich bin ein winzig kleines Ding,
drum heiß ich kleiner Däumeling.

Diese Handklatschspiele können als Einstimmung oder Vertiefung des jeweiligen Märchens der Brüder Grimm benutzt werden. Die Kinder sitzen im Kreis und rhythmisieren den Text durch Klatschen oder abwechselndes Schlagen auf die Oberschenkel. Wiederholungen können mit unterschiedlicher Lautstärke und Dynamik variiert werden.
Nach diesem Beispiel können Handklatschspiele zu weiteren Märchen entwickelt werden.

Rosi & Bella (Texte: vom Wege/Wessel)   ab 4 Jahren

Rosi, Rosi Rosenkohl,
warum isst du nur Rosenkohl?
Ich esse gerne Rosenkohl,
ich heiße Rosi Riesenkohl.

Bella, Bella Himmelblau,
bist du die kleine Meerjungfrau?
Ich bin die kleine Meerjungfrau,
ich heiße Bella Himmelblau

Die Spieler sitzen im Spielkreis und begleiten den rhythmisierten Text durch beidhändiges Klatschen auf den Oberschenkeln. Werden mehrere Spielrunden ausgeführt, das Sprechen und Klatschen variieren: laut, leise, schnell, langsam, im Wechselgesang, Händeklatschen über kreuz, auf die Oberschenkel des linken und rechten Nachbarn, im Wechsel.

Weitere Verse gemeinsam mit den Kindern entwickeln.

Hexenbrei (Text: vom Wege/Wessel)   ab 4 Jahren

In der Nacht um drei
kocht die Hexe Brei.
Gummibär mit Fliegendreck,
Katzenmilch und Mäusespeck,
Ohrenschmalz und Nasenblut,
mit 'ner Prise Übermut.
Schweineohr und Spinnenbein,
alles muss verklatschet sein.
Klidderitsch und kldderatsch,
fertig ist der Hexenmatsch.
Doch die Hexe ist nicht dumm,
sie rührt ihn noch mal andersrum.
Gummibär ...

Die Kinder sitzen im Kreis. In den ersten Spielrunden klatschen sie zu dem gesprochenen Vers, zunächst mit beiden Händen gleichzeitig, dann im rhythmischen Wechsel mit der rechten und linken Hand auf die Oberschenkel. Sind die Kinder geübter, kann der Schwierigkeitsgrad erhöht werden. Dabei legen alle Kinder ihre Hände auf ihre Oberschenkel. Beim Sprechen des Verses klatschen aber jetzt nur die Hände nacheinander, die im Uhrzeigersinn an der Reihe sind. Bei der Textstelle: „... sie rührt ihn noch mal andersrum" findet ein Richtungswechsel statt.

Doktor Wulle   ab 4 Jahren

Ich ging zum Doktor Wulle Wulle Wu,
mit meiner Schwester Kille Kille Ki,
mit meinem Bruder Box Box Bo,
er sagt, ich sei ein Ochs Ochs Oooh!

Die Spieler stehen einander gegenüber. Im Takt erst in die eigenen Hände klatschen, dann mit beiden Hände gegen die des Partners. Bei „Wulle" die Hände umeinander drehen, bei „Kille" gegenseitg kitzeln, bei „Box" (vorsichtig) boxen, bei „Ochs" Hörner zeigen.

Wir sagen no, wir sagen si   ab 4 Jahren

Wir sagen nonono,	Beide Spieler klatschen in die eigenen Hände,
wir sagen sisisi,	mit beiden Händen in die des Partners.
wir sagen:	
em pom pie kolonie kolonastik	Beide Spieler klatschen sich gegenseitig in die rechte Hand.
em pom pie kolonie	Beide Spieler klatschen sich gegenseitig in die linke Hand.
akademi safari	Ein Spieler hält eine Hand oben mit der Handfläche nach unten, seine andere Hand befindet sich unten, mit der Handfläche nach oben. Der zweite Spieler klatscht nun seine Handflächen in die des Gegenübers, abwechseln.
akademi puffpuff!	

One, two, three, four   ab 4 Jahren

One, two, three, four,	*Eins, zwei, drei, vier*
clap your hands once more.	*klatsch in die Hände immer wieder,*
Stamp your feet	*stampfe mit den Füßen,*
and wink your eye,	*winke mit den Augen,*
time to say goodbye.	*sage Tschüs und auch bye-bye.*

Den Vers als Echo sprechen, dazu: mit den Fingern zählen, rhythmisch in die Hände klatschen, mit den Füßen stampfen, mit einem Auge blinzeln, laut goodbye rufen und winken.

Auf einem Gummi-Gummi-Berg   ab 5 Jahren

Auf einem Gummi-Gummi-Berg,
da wohnt ein Gummi-Gummi-Zwerg.
Der Gummi-Gummi-Zwerg
hat eine Gummi-Gummi-Frau,
die Gummi-Gummi-Frau
hat ein Gummi-Gummi-Kind,
das Gummi-Gummi-Kind
hat ein Gummi-Gummi-Kleid,
das Gummi-Gummi-Kleid
hat ein Gummi-Gummi-Loch,
und *du* bist es doch!

Mit beiden Händen gegen die des Partners klatschen. In die eigenen Hände klatschen. Rechte Handfläche gegen rechte Handfläche des Gegenübers. In die eigenen Hände klatschen. Linke Handfläche gegen linke Handfläche des Gegenübers. Von vorne beginnen.

Öttchen, döttchen, Silberpöttchen   ab 5 Jahren

Öttchen, döttchen, Silberpöttchen,
öttchen, döttchen, aus.
Eine alte Zauberhexe wohnt bei uns im Haus.
Sieben Jahr im Himmel geblieben,
ist schon wieder raus.
Ist das nicht ein dummes Weib,
dass es nicht im Himmel bleibt?
Öttchen, döttchen, Silberpöttchen,
öttchen, döttchen, raus.

Die Fäuste der Mitspieler bilden mit erhobenen Daumen auf dem Tisch einen Kreis. Ein Spieler kreist mit seiner Faust über die Daumen und greift bei „raus" einen beliebigen Daumen. Die Fäuste kreisen so lange, bis alle Fäuste einen hohen Turm bilden, der zum Schluss zusammenfällt.

Zaubersprüche

... sind meist kurze Verse, an deren Ende etwas Unerwartetes passiert. Häufig ergibt sich der „Sinn" erst dann, wenn die Fantasieworte mit inszenierter Spannung gesprochen werden, wobei Mimik und Gestik die geheimnisvolle Bedeutung besonders hervorheben. Allen Kindern bereitet dieses magische Spiel mit Wörtern große Freude und verleitet sie zum Mitsprechen.

Förderbereiche: Sprechfreude, Fantasie, Kommunikationsfähigkeit, Vorstellungsvermögen

Einsatzmöglichkeiten: Essens- und Spielsituationen, zur Einstimmung oder zum Ausklang von Spieltätigkeiten, zur Ablenkung oder Beruhigung

Methodische Hinweise: Den Vers vorsprechen und dazu die passende Bewegung ausführen.

Fideldum und Fideldei
ich zaubere ein ... herbei.

Einen zunächst verdeckten Gegenstand plötzlich zeigen

Geht sieben Schritte geradeaus,
im Walde steht das Märchenhaus.
Dort hört ihr seltsame Geschichten,
die euch von Wunderwerk berichten.

Als Vorbereitung für eine Märchen-Erzählstunde. Gibt den Hinweis auf den Ort, wo das Märchen erzählt werden soll.

Hokus Pokus Fliegendreck
passt gut auf, gleich ist ... weg

Den Zauberspruch sprechen und einen Gegenstand plötzlich verdecken.

Hex, hex, hex,
zauber weg den Klecks,
Mäusebein und Krötendreck,
fertig ist der Tisch gedeckt!
Hex, hex, hex,
zauber weg den Klecks.

Spruch zum Decken des Essplatzes.

Kribis, krabis Krötenbein
Unk, unk, unk,
Estragon und roter Wein,
unk, unk, unk.
Dreimal rühren, Deckel drauf,
unk, unk, unk.
Dieser Trank weckt Tote auf,
unk, unk, unk.

Beim Sprechen in einem Getränk rühren oder den Vers bei der Herstellung eines Getränkes sprechen.

Hexensuppenschmaus
(Text: vom Wege / Wessel)
Tief im Walde steht ein Haus,
da kochen fünf Hexen den Suppenschmaus.
Die Dicke schneidet Rüben klein,
die Dünne ein Pfund Spinnenbein.
Die Lange hackt 'ne große Zwiebel,
der Feinen wird's auf einmal übel.
Die Kleine holt die Suppentassen,
worauf sie ihre Hände fassen.
„Nix verhexen, nix verschütt!
Guten Appetit!"

Nacheinander die Finger der Hand vorstellen. Zum Schluss fassen sich alle an, wünschen sich „Guten Appetit!" und beginnen mit einer gemeinsamen Mahlzeit.

Hinter sieben blauen Bergen
liegt ein fernes weites Land.
Hexen, Riesen, Feen, Zwerge
wohnen hier im Märchenland.

Als Einstimmung auf eine Erzählaktion.

Rideldum, Rideldeis,
du bist aus Eis.
Eins, zwei, Eulendreck,
das Eis ist wieder weg!

Das Kind bleibt steif stehen, es bewegt sich wieder beim zweiten Vers.

Lirum, larum Schnirgelschreck
Katzenhaar und Mäusedreck
eins der Dinge ist gleich weg – zack!

Drei bis fünf Spielzeuge oder Kleidungsstücke liegen auf dem Boden, bei dem Wort „zack" schnell einen Gegenstand wegnehmen.

O mise mause maas,
das Gold, das er besaß.
O malle miera mohren,
das hat er nun verloren.

O maxi murxi muhchen,
da fing er an zu suchen.
O mille melle mall,
er suchte überall.
O muckte mickte meck,
ein Kobold hat's versteckt.

O mure maure mer,
wer's hat, gibt's wieder her.
O monne minne menn,
wer hat es denn?

Der Zauberspruch wird nach der Regel von „Taler, Taler, du musst wandern" (siehe S. 95) gespielt.

Das Hexen-Einmaleins (Johann Wolfgang von Goethe)   ab 6 Jahren

Eins – du musst versteh'n!	*Daumen zeigen,*
Aus eins mach zehn,	*alle zehn Finger zeigen,*
und zwei lass gehen	*Daumen und Zeigefinger einziehen,*
und drei mach gleich	*Daumen, Zeigefinger, Mittelfinger zeigen,*
so bist du reich.	*Bewegung des Geldzählens,*
Verlier die Vier!	*Vier Finger zeigen, dann die Hand nach unten ausschütteln,*
Aus fünf und sechs,	*fünf Finger, dann sechs Finger zeigen,*
so sagt die Hex,	*mit dem Kopf nicken,*
mach sieben und acht,	*sieben, dann acht Finger zeigen,*
so ist's vollbracht:	*Hände umeinander drehen,*
und neun ist eins,	*neun Finger, dann einen Finger zeigen,*
und zehn ist keins.	*zehn Finger zeigen, Hände auf den Rücken,*
Das ist das Hexen-Einmaleins.	*beide Zeigefinger kreuzen.*

Die Zauberer oder Hexen stehen im Kreis (evtl. mit Verkleidung). Sie sprechen den Zauberspruch und führen mit den Fingern die entsprechenden Bewegungen aus.

Mal- und Schreibspiele

... sind Interaktionsspiele, die Kindern den Spaß am kreativen und fantasievollen Umgang mit Sprache und Zeichen/Schrift vermitteln. Schreib- und Malspiele können zu fast jeder Gelegenheit, als Solo-, Partner-, Gruppenspiel, durchgeführt werden. Verschiedene Spielarten sind möglich, wie z. B.: Rätselfragen, Silben-, Kreuzworträtsel, einfache Wortketten schreiben, Wortkombinationen oder Begriffe malen, Mitteilungen vervollständigen, Satz-/Wortaussagen verdrehen, Werbesprüche erfinden.

Förderbereiche: Abbau von Schreibhemmungen, Mitteilungsfähigkeit, verbal-schriftliche Verständigung, Kreativität, Konzentrationsfähigkeit, Assoziations-/ Kombinations-/Merkfähigkeit, Wortschatz, Rechtschreibhilfe

Einsatzmöglichkeiten: Freizeitgestaltung, „Langeweilekiller", zur Gestaltung von Einstiegs- oder Abschlussphasen

Methodische Hinweise: Ein Beispiel vorgeben, alle Spielteilnehmer einbeziehen, Beiträge positiv beachten, spontane Variationen zulassen.

Das Mondgesicht   ab 4 Jahren

Material: Zeichenpapier, Buntstifte

Punkt, Punkt, Komma, Strich,
fertig ist das Mondgesicht.
Und zwei kleine Ohren dran,
fertig ist der Hampelmann.
Jetzt noch Bauch und Glieder,
wer es schafft, ist Sieger.

Der Gockelhahn (Text: vom Wege/Wessel)   ab 4 Jahren

Material: *Fingerfarbe oder Filzstifte*

Wo bleibt der Gickel, Gockelhahn,
der so munter krähen kann?
Wir malen ihn aus deiner Hand.
Auf den Daumen Aug' und Kamm
und zwei Beine unten dran.
Nun den Schnabel vorne hier,
kräht der Gockel „Kikreki!"

Der Hase   ab 4 Jahren

Material: *Zeichenpapier, Buntstifte*

Ein großer Ball, ein kleiner Ball,
oben dran zwei Öhrchen,
hintendran ein Schwänzchen,
rundherum noch etwas Gras
und da hockt der Osterhas'.

Der Mond ist rund   ab 5 Jahren

Material: *Zeichenpapier, Buntstifte*

Der Mond ist rund,
der Mond ist rund.
Er hat zwei Augen,
Nas' und Mund.
Hat ein weißes Kleidchen an,
mit sechs gold'nen Knöpfen dran.
Arme wie ne Sechse,
Beine wie ne Hexe,
drei Haare in der Luft
und fertig ist der Schuft.

Die Raupe   ab 5 Jahren

Material: *Zeichenpapier, Buntstifte*

Viele kleine Kreise nebeneinander male ich,
der letzte kriegt ein freundliches Gesicht.
Das ist 'ne Raupe, hast du gesehen,
die will jetzt spazieren gehen.
Damit sie das auch richtig kann,
male ich ihr viele Beine dran.
Schon läuft sie los,
sage mir, was macht sie bloß?

Die Schnecke   ab 5 Jahren

Material: *Zeichenpapier, Buntstifte*

Aus einem großen runden Haus,
da schaut eine kleine Schnecke raus.
Sie reckt den Kopf, fährt ihre Fühler aus
und nimmt bei jedem Schritt
ihr Häuschen mit.
Und fasst du an die Fühler fein,
schlüpft sie schnell ins Haus hinein.

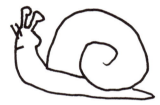

Die Katze   ab 5 Jahren

Material: *Zeichenpapier, Buntstifte*

Punkt, Punkt, Komma, Strich,
fertig ist das Mondgesicht.
Schnurrbarthaare, spitze Ohren,
langer Bauch und langer Schwanz,
ritze ratze, Miezekatze
geht jetzt aus zum Tanz.

Katze und Maus   ab 6 Jahren

Material: *Papier mit großen Kästchen (z. B. Flipchart), Filzstifte*

Die Katze schleicht die Treppe rauf.
Die Maus läuft weg im Dauerlauf.
Runter geht es jetzt – o weh!
Der Katze tun die Tatzen weh.
Die Maus sitzt jetzt im Mauseloch,
nur den Schwanz, den sieht man noch.

Den Vers sehr rhythmisch sprechen und dazu malen, für jede Silbe einen Strich ziehen.

Tierbilder ABC   ab 6 Jahren

Material: *Zeichenpapier, Buntstifte*

Zu jedem Buchstaben des Alphabets wird ein typisches Tier gesucht. Das Wort in Großbuchstaben schreiben und die Bedeutung malen.

Vornamen finden   ab 6 Jahren

Material: *Papier zum Schreiben, Schreibstift*

Die Spieler einigen sich auf einen Vornamen, schreiben ihn auf und finden weitere Vornamen mit gleichen Anfangsbuchstaben.

M	A	R	I	O	N
Mia	Anna	Rita	Ina	Otto	Niko
Maria	Anton	Rolf	Ingo	Olga	. . . .
Mona	Alex	. . . .	. . . .	. . . .	. . . .
. . . .	. . . .	. . . .	. . . .	. . . .	. . . .

Rätselreime

... sind Denkspiele in Versform mit Unterhaltungscharakter, bei denen es darum geht, einen bildhaft beschriebenen Gegenstand, eine Person oder einen Vorgang oder Ähnliches zu erraten. Rätselspiele gibt es in verschiedenen Formen. Sie können z. B. in einfachen Fragen, in Gedichten oder sogar in Märchen enthalten sein. Rätsel sind erst dann spannend, wenn mehr als zwei Spieler mitraten.

Rätselreime in poetischen Umschreibungen gehören zur ältesten Volksdichtung. Im Märchen wurde derjenige von einem Zauberbann befreit, der das Rätsel lösen konnte. Kinder können jedoch nur dann ein Märchenrätsel erraten, wenn ihnen das Märchen bereits bekannt ist und im Rätsel eindeutige Angaben gemacht werden. Zusätzliche Märchensymbole oder Requisiten zur Anschauung erleichtern die Lösung.

Förderbereiche: Sprechfreude, Kommunikations- und Kombinationsfähigkeit

Einsatzmöglichkeiten: eine „Märchenstunde" oder eine andere Aktion mit einem Rätselvers einleiten oder beenden, zur Unterhaltung und Ablenkung

Methodische Hinweise: Rätselreime sind für Kinder ab vier Jahren geeignet. Reime vorsprechen und raten lassen, in passenden Situationen wiederholen.

Im Häuschen mit 5 Stübchen,
da wohnen braune Bübchen,
nicht Tür noch Tor führt ein und aus,
wer sie besucht, verzehrt das Haus.
(Apfel)

Wer macht das?
Im Frühling erfreu ich dich,
im Sommer kühl ich dich,
im Herbst ernähr ich dich,
im Winter wärm ich dich.
(Baum)

Ich kenn ein weißes Haus,
hat keine Fenster, keine Tore.
Und will das Küken mal hinaus,
muss es die Wand durchbohren.
(Ei)

Ein kleines braunes Tier,
Nüsse knackt es mit Begier.
Es klettert flink von Ast zu Ast,
wenn es springt, dann fliegt es fast.
Wer ist das?
(Eichhörnchen)

Es wächst im Winter an dem Dach,
fällt es herunter macht es Krach.
Wenn die warme Sonne scheint,
es sich schnell zu Ende weint.
(Eiszapfen)

In Afrika oder Indien wird er geboren,
hat einen Rüssel und zwei Segelohren,
vier große Füße und einen dicken Bauch,
zwei gebogene Zähne hat er auch.
Das Tier ist überall bekannt,
es ist der ....
(Elefant)

Der Schnee wird weich,
es taut der Teich,
lang wird der Tag.
Wann ist das? Sag!
(Frühling)

Im Felde sitzt ein kleiner Mann,
der hat graubraunes Fellchen an.
Zwei Löffel hat er auch dabei,
doch nicht für Suppe oder Brei.
Er trägt ne Blume weiß wie Schnee
und frisst so gerne grünen Klee.
Er mag Rüben und auch Kohl,
nun rate mal – wer ist das wohl?
(Hase)

Auf meinem Rücken trage ich viele Nadeln her und hin,
obwohl ich doch kein Schneider oder Fakir bin.
(Igel)

Hängt im Zimmer, hat zwölf Seiten,
oder viele, viele mehr.
geht das Jahr zu Ende,
ist er aufgebraucht und leer.
(Kalender)

Es wächst an einem Baum,
erst weiß wie Schnee,
dann grün wie Klee,
dann rot wie Blut,
schmeckt allen Kindern gut.
(Kirsche)

Abends wenn es dunkel ist
und du müd' geworden bist,
siehst du ihn am Himmel stehn –
groß und rund und voll und schön.
Mit den Sternen er dort wohnt,
sag nun mir, es ist der ...
(Mond)

Wer ist so klug, wer ist so schlau,
dem schüttl' ich was vom Bäumchen.
Ist innen gelb und außen blau,
hat mittendrin ein Steinchen.
(Pflaume)

Es fällt herab vom Himmel,
ist weißer als ein Schimmel,
ist wie ein Bettchen weich,
zerfließt zu Wasser gleich
und macht uns nass.
Was ist wohl das?
(Schnee)

Weiß wie Kreide,
leicht wie Flaum,
weich wie Seide,
feucht wie Schaum.
(Schneeflocke)

Spielverse

... für Kinder sind gereimte Sprache, oft in Strophen gegliedert und mit einfachen Melodien verbunden. Sie wecken Gefühle und Stimmungen. Der Sprechrhythmus, die Wortwiederholungen und Lautmalereiein lassen Sprechmelodien entstehen, die auf Kinder einen großen Reiz ausüben. Die Inhalte der Spielverse umfassen Themen wie Familie oder den Jahresablauf; hier kommen Alltagserlebnisse sowie Gefühle und Wünsche in gereimter Form zur Sprache. Die Kinder werden angeregt zu sprechen, zu singen und mit Worten zu spielen. Hier erschließen sich Möglichkeiten für das spätere Verständnis von poetischer Lyrik.

Förderbereiche: Wortschatzerweiterung, Sprechfertigkeit, sprachliches Ausdrucksvermögen und Kreativität, Kommunikationsfähigkeit

Einsatzmöglichkeiten: Spontan zu fast allen denkbaren Gelegenheiten, zur Unterhaltung, als Einstieg oder als Ausklang von Aktivitäten, zur Vertiefung von Erlebnissen, bei bestimmten Anlässen

Methodische Hinweise: Vorsprechen/-singen, mitsprechen/-singen, nachsprechen/-singen, mit Bewegungen verbinden und spielen

Herbstwald   ab 3 Jahren

Langsam fällt jetzt Blatt für Blatt
von den bunten Bäumen ab.
Jeder Weg ist dicht besät
und es raschelt, wenn man geht.

Durch den Herbstwald oder Park stapfen und den Vers sprechen.

Himmelsrichtungen ab 4 Jahren

Im Osten geht die Sonne auf,
im Süden ist ihr Mittagslauf,
im Westen wird sie untergeh'n,
im Norden ist sie nie zu sehn.

Im Garten die Himmelsrichtungen markieren, den Vers sprechen und mit ausgestrecktem Arm in die jeweilige Himmelsrichtung zeigen.

Klaus, der Regenwurm ab 4 Jahren

Material: *für jeden Mitspieler eine hellbraune Kordel*

In einem dunklen Erdhügel
wohnt ein Tier, ganz ohne Flügel.
Seht, ganz langsam kriecht es dort heraus.
Es ist der Regenwurm mit Namen Klaus.
Ich glaube, er ist jedem hier bekannt,
drum nehm' ich ihn in meine Hand.
In der Erde bleibt ein Loch
und unser Klaus kriecht an mir hoch.
Schiebt sich zuerst den Arm hinauf,
ganz langsam und mit viel Geschnauf.
Kriecht dann auf meinen Kopf ganz munter
und über den andern Arm herunter.
Über meinen Bauch schlängelt sich dieser Wicht
und plötzlich ist er mitten in meinem Gesicht.
Es kitzelt, ich muss ganz laut niesen,
er landet prompt vor meinen Füßen.
Ich heb' ihn auf und steck ihn fein
ins dunkle Erdloch wieder rein.

In der linken Faust steckt eine Kordel als „Regenwurm". Der Regenwurm schlängelt sich, dem Vers entsprechend, über die verschiedenen Körperteile.

Bärenjagd   ab 4 Jahren

‖: Bären jagen. Bären jagen. :‖	*Silben betont sprechen, rhythmisch auf die Oberschenkeln patschen,*
Huch, was ist denn das?	*Hand über die Augen legen, Ausschau halten, pantomimisch mit einer Machete überkreuz Lianen zerschlagen.*
Ein tiefer dunkler Dschungel.	
Da müssen wir uns hindurchkämpfen.	
Pff, geschafft!	*Mit spitzem Mund heftig ausatmen, Stirn abwischen.*
‖: Bären jagen. Bären jagen. :‖	*Wie oben*
Huch, was ist denn das?	
Ein tiefer dunkler See.	*Schwimmbewegungen machen.*
Da müssen wir hindurchschwimmen.	
Pff, geschafft!	*Wie oben*
‖: Bären jagen. Bären jagen. :‖	*Wie oben*
Huch, was ist denn das?	
Ein hoher, hoher Berg.	*Kletterbewegungen machen.*
Da müssen wir hinaufklettern.	
Pff, geschafft!	*Wie oben*
‖: Bären jagen. Bären jagen. :‖	*Wie oben*
Huch, was ist denn das?	
Eine tiefe dunkle Höhle.	*Schleichen*
Da müssen wir uns hineinschleichen.	
Pff, geschafft!	*Wie oben*
‖: Bären jagen. Bären jagen. :‖	*Wie oben*
Huch, was ist denn das?	
Zwei flauschige Ohren. Zwei große braune Augen. Eine feuchte Nase.	*Pantomimisch darstellen,*
Zwei spitze Zähne. Der Bär!	*Augen aufreißen, Hand vor den Mund.*
Zurück! Durch die Höhle, den Berg hinunter, durch den See, durch den Dschungel.	*Sehr schnell sprechen, sehr schnelle Bewegungen machen.*
Pff, geschafft!	*Mit spitzem Mund heftig ausatmen, Stirn abwischen.*

Morgens früh um sechs   ab 4 Jahren

Morgens früh um sechs
kommt die kleine Hex'.
Morgens früh um sieben
schabt sie gelbe Rüben.
Morgens früh um acht
wird Kaffee gemacht.
Morgens früh um neun
geht sie in die Scheun'.
Morgens früh um zehn
holt sie Holz und Spän'.
Feuert an um elf,
kocht dann bis um zwölf:
Fröschelein und Krebs und Fisch,
hurtig Kinder, kommt zu Tisch!

Den Text rhythmisch betont sprechen und gleichzeitig die benannten Tätigkeiten pantomimisch darstellen.

Winter   ab 4 Jahren

Winter ist ein Hexenmeister,
macht aus Bäumen weiße Geister
und aus Häusern Sahnetorten,
Glitzerschnee liegt allerorten,
Zuckerguss auf allen Teichen,
bietet Kurzweil ohnegleichen.
Alte freuen sich und Junge,
wenn der Schnee schmilzt auf der Zunge.
Schnee glänzt schneeweiß
wenn es schneit,
doch wenn's taut,
macht Schmutz sich breit.

Mit Materialien wie Tapetenrolle, Federn, Glitzer, Watte, Stoffesten, Bunt-, Krepppapier, Malstiften, Klebstoff können Kinder ein fantasievolles Winterszenario herstellen.

Zehn kleine Indianer ab 4 Jahren

1. Sie sprangen in ein Boot, doch das Boot kippte über, sie sprangen in ein Boot, doch das Boot kippte über. Sie sprangen in ein Boot, doch das Boot kippte über, zehn kleine Indianer. *Refrain* Ein Indi-, zwei Indi-, drei Indianer, vier Indi-, fünf Indi-, sechs Indianer, sieben Indi-, acht Indi-, neun Indianer, zehn kleine Indianer.

Refrain:
Ein Indi, zwei Indi, drei Indianer,　　　*Nacheinander die zehn Finger zeigen,*
vier Indi, fünf Indi, sechs Indianer,
sieben Indi, acht Indi, neun Indianer,
zehn kleine Indianer.

1. Sie sprangen in ein Boot,　　　*hochspringen,*
doch das Boot kippte über (*3-mal*),
zehn kleine Indianer.
Refrain: Ein Indi ...　　　*wie oben.*

2. Sie schwammen an das Ufer　　　*Schwimmbewegungen machen,*
und suchten ihre Mama (*3-mal*),
zehn kleine Indianer.
Refrain: Ein Indi ...　　　*wie oben.*

3. Die Mama zog sie warm an　　　*Kopf auf die gefalteten Hände legen,*
und legte sie dann schlafen (*3-mal*),
zehn kleine Indianer.
Refrain: Ein Indi ...　　　*wie oben.*

4. Sie träumten von dem Boot　　　*Kopfhaltung belassen,*
und von mehr Abenteuern (*3-mal*),　　　*langsam und leise singen,*
zehn kleine Indianer.
Refrain: Ein Indi ...　　　*wie oben.*

Auf der Mauer, auf der Mauer   ab 5 Jahren

Auf der Mauer, auf der Mauer
wächst 'ne rote Rose.
Seht euch mal die Rose an,
wie die Rose wachsen kann,
auf der Mauer, auf der Mauer
wächst 'ne rote Rose.

Bei der Wiederholung wird jedes Mal ein Buchstabe des Wortes Rose weggelassen.

Die Monate im Jahreskreis   ab 5 Jahren

Im Januar beginnt das Jahr.
Im Februar ist Fastnacht da.
Im März die Frühlingssonne lacht.
Im April das Wetter Ärger macht.
Im Mai so viele Blumen blühen.
Im Juni wir ins Freibad ziehen.
Im Juli ist die Ferienzeit.
Im August macht sich die Hitze breit.
Im September gibt es reife Früchte.
Im Oktober steigen Drachen in die Lüfte.
Im November graue Nebel wallen.
Im Dezember die Schneeflocken fallen.

Die Kinder stellen die Monate pantomimisch dar und gestalten Monatsbilder.

Ein Hut, ein Stock, ein Regenschirm   ab 5 Jahren

Eins und zwei und drei und vier,
ein Hut, ein Stock, ein Regenschirm
und vorwärts, rückwärts, seitwärts, ran,
und eins und zwei und …

Die Spieler gehen untergehakt in einer Reihe und sprechen dazu im Takt den Vers, der rechte Fuß geht immer nach vorn, wenn eine Zahl kommt, auch weiter bei Hut und Stock und Regenschirm. Bei „vorwärts, rückwärts, seitwärts, ran" erst stehen bleiben, mit dem rechten Fuß die Bewegungen nachmachen, dann weitergehen.

Katzenreise   ab 5 Jahren

Wir reisen nach Jerusalem, und wer soll mit?
Die Katze mit dem langen Schwanz, die geht mit.

*Beim Gehen das rechte Knie besonders hochziehen,
beim Gehen das linke Knie besonders hochheben.*

Alle Spieler stehen hintereinander und legen die Hände auf die Schultern des Vordermanns. Im Gleichschritt marschieren sie los und sprechen dazu den Vers. Danach erfolgt ein Richtungswechsel sowie beliebige Wiederholungen.

Zungenbrecher

... oder auch Schnellsprecher sind Verse, bei denen die Wörter mit gleichen Anfangsbuchstaben beginnen, oder sie reihen ähnlich klingende Wörter aneinander, die möglichst schnell und dabei fehlerfrei gesprochen werden sollen. An Zungenbrechern haben meist erst ältere Kindergartenkinder Freude, da eine fortgeschrittene Sprachwahrnehmung und Sprechfertigkeit entwickelt sein muss. Häufig sind es witzige Wortzusammenstellungen oder Wiederholungen, die Zungenbrecher zum vergnügten Spiel für Kinder werden lassen.

Förderbereiche: Konzentrationsfähigkeit, Sprechfreude, Kommunikationsfähigkeit, Mundmotorik, Artikulation

Einsatzmöglichkeiten: bei Autofahrten, Geburtstagen und Krankentagen, zur Ablenkung und Unterhaltung, zum Überbrücken von Wartezeiten

Methodische Hinweise: Vorsprechen, mitsprechen, nachsprechen, eigene Zungenbrecher erfinden.

Acht alte Ameisen aßen am Abend Ananas.
Ananas aßen am Abend acht alte Ameisen.

Acht alte Autos ächzen an der Ampel.
An der Ampel ächzen acht alte Autos.

Blaukraut bleibt Blaukraut und Brautkleid bleibt Brautkleid.

Bürsten mit blauen Borsten bürsten besser als Bürsten mit braunen Borsten

Der dicke Dietrich trug den dünnen Dietrich durch den hicken schlicken nudeldicken Dreck. Da dankte der dünne Dietrich dem dicken Dietrich, dass der dicke Dietrich den dünnen Dietrich durch den hicken schlicken nudeldicken Dreck trug.

Esel essen Nesseln nicht, Nesseln essen Esel nicht.

Fischers Fritze fischt frische Fische, frische Fische fischt Fischers Fritze.

Gips gibt's in der Gipsfabrik, und wenn's in der Gipsfabrik keinen Gips gibt, dann gibt's keinen Gips.

Hinter Herman Hannes Haus hängen hundert Hosen raus.
Hundert Hosen hängen raus, hinter Herrmann Hannes Haus.

Klaus Knopf liebt Knödel, Klöße, Klopse.
Klopse, Klöße, Knödel liebt Klaus Knopf.

Können Möpse Klöpse klauen,
meinst du, dass sie sich das trauen?
Können Möpse Klöpse fressen,
wenn sie das Besteck vergessen?

Merle meckert mächtig: „Meine Medizin mundet nicht!"
„Meine Medizin mundet nicht!" meckert Merle mächtig.

Peter packt pausenlos prima Picknickpakete.
Prima Picknickpakete packt pausenlos Peter.

Tom Trecker trinkt Tee, Tee trinkt Tom Trecker.

Wenn Fliegen hinter Fliegen fliegen, fliegen Fliegen Fliegen nach.

Wir Wiener Waschfrauen waschen weiße Wäsche.
Weiße Wäsche waschen wir Wiener Waschfrauen.

Zahnärzte ziehen Zähne mit Zahnarztzangen im Zahnarztzimmer.
Im Zahnarztzimmer ziehen Zahnärzte Zähne mit Zahnarztzangen.

Zwei zitternde Schlangen lagen zischend zwischen zwei spitzen Steinen und zwickten.

Zwanzig zerdrückte Zwetschgen und zwanzig zerdrückte Zwetschgen sind vierzig zerdrückte Zwetschgen.

Zwischen zwei Zwetschgenzweigen zwitschern zwei Zeisige.
Zwei Zeisige zwitschern zwischen zwei Zwetschgenzweigen.

Zur Ruhe kommen

Entspannungsspiele

..... sind Spiele, die körperliche, geistige und emotionale Ruhe bringen. Viele Erwachsene, aber auch Kinder leiden heute unter Stresssymptomen, sind unkonzentriert und lassen sich leicht ablenken. Entspannungsspiele können dazu beitragen, dass die Kinder zur Ruhe, Konzentration und innerer Ausgeglichenheit kommen.

Förderbereiche: Konzentrationsfähigkeit, Selbstwahrnehmung, Körpergefühl entwickeln für Spannung und Entspannung, Vorstellungsvermögen

Einsatzmöglichkeiten: nach lebhaften Spielstunden oder ausgelassenen Kinderfesten, zum ruhigen Ausklang

Methodische Hinweise: Unter Berücksichtigung der individuellen kindlichen Bedürfnisse beginnt der Erwachsene mit dem Spiel oder der Geschichte. Die räumlichen Bedingungen wie eine reizarme Umgebung, eine weiche Unterlage (z. B. Decke) und warmes Licht tragen zu einer entspannten Atmosphäre bei.

Imse, bimse Spinne   ab 3 Jahren
(Melodie: Spannenlanger Hansel, nudeldicke Dirn)

Imse, bimse Spinne, wie lang dein Faden ist. Fällt herab der Regen	*Mit beiden Händen bzw. Fingern die Bewegung der Spinne aufwärts machen, die gleiche Fingerbewegung als Regen abwärts,*
und der Faden riss. Kommt die liebe Sonne, trocknet Regen auf. Imse, bimse Spinne, klettert wieder rauf.	*pantomimisch Schnur abreißen, mit beiden Händen die Sonne formen, eine Hand mit der anderen trocken wischen, mit den Händen Kletterbewegung nach oben.*

Hundewünsche   ab 3 Jahren

Alle Kinder sind kleine Hunde, sie kuscheln sich bequem zusammen und liegen ganz entspannt auf dem Boden und schlafen ein. Die Spielleitung (später auch ein Kind) geht nun leise um die Hunde herum und verteilt leckere Knochen (z. B. Bausteine). Dabei legt sie jeden Knochen so sanft ab, dass es der Hund nicht merkt. Hat er es doch mitbekommen, erwacht er und setzt sich auf. Leise wartet er, bis alle Hunde aufgewacht sind.

Heile, heile Segen,   ab 3 Jahren

sieben Tage Regen,
sieben Tage Sonnenschein,
alles wird schnell heile sein.

Beim Sprechsingsang sanft über die schmerzende Stelle streichen.

Bauchgeräusche   ab 4 Jahren

Alle legen sich im Kreis hin, wobei jeweils der Kopf auf dem Bauch des anderen liegt. Jeder lauscht auf die Bauchgeräusche des anderen. Für dieses Spiel ist Stille notwenig. Am Ende kann jeder erzählen, was er gehört hat.

Der dicke Luftballon   ab 4 Jahren

Die Kinder sitzen auf dem Boden im Kreis. Jedes Kind stellt sich vor, es sei ein schöner *roter* (jedes Kind wählt seine Farbe) Luftballon. Noch ist der Luftballon ganz schlapp, aber wenn er aufgepustet wird, dann wird er größer und größer *(aus der sitzenden Haltung langsam aufstehen)*. Bei jedem Atemzug wird er größer und größer *(langsam die Hände ausbreiten)* – bis er mit einem lauten Knall platzt *(hinfallen und am Boden liegen bleiben)*. Wiederholung.

Bäume im Sturm   ab 4 Jahren

Die Kinder stellen sich im Raum auf. Die Füße bleiben fest am Boden stehen und jedes Kind stellt sich vor, es sei ein Baum, der sich langsam im Wind hin und her bewegt. Die Bewegungen werden stärker und wilder bei aufkommendem Sturm. Jedes Kind versucht die Bewegungen so heftig wie möglich zu machen, sollte aber immer mit den Füßen fest und unbeweglich am Boden stehen bleiben. Langsam lässt der Wind wieder nach und der Baum kommt wieder zur Ruhe. Abschließend erzählt jedes Kind, was es empfunden hat.

Wettermassage   ab 4 Jahren

Die Mitspieler sitzen so im Kreis, dass sie die Bewegungen auf dem Rücken ihres vorderen Mitspielers ausführen können. Die Spielleitung erzählt die Wettergeschichte und macht dabei die jeweiligen Wetterzustände vor.

Stellt euch vor, ihr sitzt (liegt) auf einer blühenden Wiese im Gras. Es ist ein herrlicher Sommertag und die Sonne scheint euch warm auf den Rücken *(Hände aneinander reiben, Handflächen auf den Rücken legen)*.
Ein kleiner Wind weht über euch hinweg *(mit der Handfläche über den Rücken streichen)* und eine kleine Wolke zieht am Himmel auf.
Winzig kleine Regentropfen fallen vereinzelt herab *(sacht mit den Fingerspitzen klopfen)*.
Immer mehr Wolken ziehen auf und es beginnt zu regnen *(stärker mit den Fingerspitzen klopfen)*.
Immer dunklere Wolken kommen heran, ein Gewitter zieht auf: es gießt in Strömen *(mit den flachen Händen über den Rücken streichen)*, ja, es hagelt sogar ziemlich heftig *(vorsichtig mit den Fäusten auf den Rücken klopfen)*. Der Wind ist stürmisch *(pusten)* und immer wieder kracht ein Blitz herab *(Blitz auf den Rücken zeichnen)*.

Doch das Gewitter zieht vorbei und der Regen wird schwächer *(sacht mit den Fingerspitzen klopfen)*. Schließlich fallen die letzten Regentropfen ganz vereinzelt herab *(sacht mit den Fingerspitzen klopfen)*. Der Sturmwind ist vorbei und nur noch eine sanfte Brise ist zu spüren *(mit der flachen Hand über den Rücken fahren)*. Und schau, da kommt auch die Sonne wieder hervor! *(die Hände aneinander reiben und dann die Handflächen auf den Rücken legen)*.

Spielvariante als Partnerarbeit: ein Mitspieler liegt auf dem Bauch, der andere führt die Bewegungen aus. Rollentausch.

Windkinder   ab 4 Jahren

Die Spieler sitzen/stehen im Kreis. Ein Spieler spielt den Wind und steht in der Kreismitte. Bis auf das Windkind schließen alle die Augen und strecken die Hände aus. Das Windkind geht leise herum, bleibt vor einem Kind stehen und pustet dreimal leicht gegen seine ausgestreckten Hände. Spürt es dreimal den Lufthauch, öffnet es seine Augen und ist nun selbst das Windkind.

Blumenwiese   ab 4 Jahren

Jedes Kind verwandelt sich in eine Blume auf der großen Blumenwiese. In der Nacht schlafen die Blumen *(die Kinder liegen zusammengekauert auf dem Boden)*. Sobald die Sonne am Morgen langsam ihre warmen Strahlen schickt, erwachen die Blumen und öffnen langsam ihre Blütenblätter *(die Kinder blinzeln noch etwas verschlafen, recken und strecken sich, stehen langsam auf und breiten ihre Arme aus)*. Den ganzen Tag freuen sich die

Blumen über die Bienen, Schmetterlinge, die Spaziergänger, die die schönen Blumenblätter streicheln *(die Kinder vollführen einen Freudentanz)*. Am Abend, wenn die Sonne langsam wieder untergeht, legen sich auch die Blumen wieder schlafen und schließen ihre Knospen *(die Kinder kauern sich wieder auf dem Boden zusammen)*.

Igelballmassage   ab 4 Jahren

Zwei Kinder massieren sich gegenseitig mit einem Noppenball (Tennisball). Sie sollen sich selbst ausdenken, was ihr Igel alles erleben könnte. Die Spielleitung gibt evtl. erste Anregungen für eine Geschichte: Ein Igel spaziert vorsichtig durch den Garten. Er schnüffelt an den Pflanzen und sucht nach Würmern. Plötzlich hat er etwas entdeckt, …. Nachdem er es untersucht hat, setzt er seinen Rundgang fort. … Zum Schluss rollt er sich ein.

Kätzchen streicheln   ab 4 Jahren

Die Mitspieler bilden Paare. Ein Partner ist das Kätzchen, der andere streichelt das Kätzchen. Das Kätzchen legt sich bequem auf den Teppich und lässt sich mit Streicheleinheiten verwöhnen. Dabei signalisiert es durch Schnurren und leises Miauen, wo ihm das Streicheln besonders gut tut. Nach einiger Zeit wird gewechselt und das andere Kätzchen wird verwöhnt.

Pizza backen   ab 4 Jahren

Partnerspiel: Ein Kind liegt bäuchlings auf einer weichen Decke und das andere kniet daneben. Dieses übernimmt die Rolle des Pizzabäckers und ahmt dabei alle Arbeitsgänge auf dem Rücken des liegenden Kindes nach.
Bei der Einführung dieses Entspannungsspiels sollte die Spielleitung die Rolle des Pizzabäckers übernehmen und ihr Tun kommentieren, die Kinder ahmen nach.

Zutaten verkneten	*Den Rücken mit den Händen massieren.*
Wasser hinzufügen	*Leichte rotierende Bewegungen mit den Fingerspitzen.*
Mit Mehl bestäuben	*Kurze Streichbewegungen mit der flachen Hand.*
Teig ausrollen	*Den Unterarm auf den unteren Rücken drücken und nach oben bewegen.*
Teig aufs Blech legen	*Sanfte Zupfbewegungen an Schultern und Nacken.*
Mit Tomaten belegen	*Mit der flachen Hand leicht klopfen.*
Mit Käse bestreuen	*Mit den Fingerspitzen schnelle, klopfende Bewegungen.*
Mit Salami belegen	*Mit dem Daumen auf verschiedene Stellen drücken.*
Mit Öl bestreichen	*Über den ganzen Rücken streichen.*

Der Wind ab 5 Jahren

Einleitung: „Legt euch bequem auf den Boden. Stellt euch vor, ihr liegt auf einer Wiese unter dem Baum und träumt etwas Schönes."

Erzählpause: „Ich erzähle euch nun eine Rätselgeschichte. Ihr könnt versuchen, das Rätsel zu lösen. In diesem Rätsel werdet ihr euch etwas vorstellen und euch verwandeln. Bleibt ganz still liegen und hört genau zu. Wenn ich fertig bin, gehe ich herum und jeder kann mir ins Ohr flüstern, in was er sich verwandelt hat."

Langsam, mit weicher Stimme sprechen, dabei Erzählpausen einlegen:
„Du bist ganz und gar unsichtbar, man sieht dich gar nicht. Manchmal bist du ganz zart und sanft und manchmal wirst du laut und wild. Du kannst Äste und Zweige der Bäume hin und her schwingen lassen, du lässt die Samen des Löwenzahns fliegen.

Wer gerne einen Drachen steigen lässt, freut sich, wenn du da bist, aber du darfst nicht zu stark sein, sonst reißt die Leine, an der er befestigt ist. Manchmal zeigst du, wie stark du sein kannst. Du reißt dann Dächer von den Häusern, zerrst an der Kleidung und manchmal kippst du sogar große Bäume um. Niemand kann dich festhalten oder einsperren.

Du bist sehr wichtig für alles Leben auf der Welt. Du bringst den Regen und frische Luft zum Atmen. Wer bist du?"

Zum Abschluss eine Feedbackrunde. Sie kann mit folgenden Fragen eröffnet werden: „Welcher Wind wärst du am liebsten? Was tust du dann?"

Die Wanderung ab 5 Jahren

Alle Spieler ziehen Schuhe und Strümpfe aus, suchen sich im Raum einen Platz und schließen die Augen. Die Spielleitung beginnt zu sprechen: „Stell dir vor, du setzt einen Fuß vor den anderen und beginnst ganz langsam zu gehen. Deine Füße tasten sich vorwärts. Du spürst hohes Gras …. Jetzt kommst du auf einen steinigen Schotterweg. Die Steine pieksen …. Du kommst auf eine matschige Wiese, das Wasser quatscht zwischen den Zehen … Danach betrittst du einen Wald, der Waldboden ist übersät mit Tannenzapfen … Es gibt aber auch einige weiche Moosfelder. Nach der langen Wanderung spürst du nun warmen Sandboden. Hier legst du dich hin und ruhst dich aus, bevor du wieder zurückgehst."

Tanz der Sterne ab 5 Jahren

Material: *pro Teilnehmer 1 Taschenlampe und eine Liegematte/Decke, Entspannungsmusik*

Die Kinder legen sich auf den Boden, jeder hat seine Taschenlampe dabei. Der Raum wird abgedunkelt. Die Spielleitung spricht ruhig, langsam, mit Pausen. Im Hintergrund läuft Entspannungsmusik. Die Kinder schalten die Taschenlampen ein und bewegen sie passend zur Geschichte.

„Die Sonne ist gerade untergegangen, … ganz langsam erscheint ein Stern nach dem anderen am Himmelszelt. Bis alle Sterne leuchten und sich über die Nacht freuen. Ganz langsam fangen sie an sich zu bewegen. Wie jede Nacht sehen sie auch die anderen Sterne und wollen sie jetzt begrüßen. Die Sterne sind richtig munter und bewegen sich mit der Zeit immer schneller. Jeder Stern sucht sich nun seine Geschwindigkeit und bewegt sich über das Firmament. Jetzt sucht sich jeder seine eigene Umlaufbahn, …. wenn er sie gefunden hat, bleibt er für eine Weile darauf und lasst sich überraschen, ob er einen bekannten Stern auf seiner Bahn trifft. Dann verweilt der Stern auf seinem Lieblingsplatz, … und beginnt ganz vorsichtig, sich um seine eigene Achse zu drehen, … um dann den berühmten Sternentanz daraus entstehen zu lassen. Manche Sterne bilden in der späten Nacht auch noch Sternengruppen, die dann gemeinsam besonders schön leuchten … und lösen sich wieder auf. Bald wird die Dämmerung kommen, … und langsam verschwindet der erste, zweite, dritte Stern vom Himmel, bis sich alle Sterne verabschiedet haben."

Am Ende des Sternentanzes erzählen die Kinder mit Hilfe des Sprechsteins (ein Stein wandert von einem Kind zum nächsten. Nur wer den Stein in den Händen hält, darf sprechen) von ihren Tanzerlebnissen. Bei Bedarf wird der Sternentanz wiederholt.

Die Geschichte von den zwei Quellen ab 6 Jahren

Material: *Verkleidungsmaterialien (einfarbige Tücher, Gardinen, Kopfbedeckungen, Gürtel, Brillen, Schmuck, Schminke), selbst gefertigte „Regenmacher", Stühle, Decken, Plastikfolien, Kissen, Gong oder Klangschale, evtl. Entspannungsmusik*

Das Märchen wird mit den Kindern im Ausdrucksspiel (jeux dramatiques) erlebt, d.h. die Spielleitung liest oder erzählt zuerst die Geschichte. Danach wählt jeder eine Rolle, mit der er sich identifizieren möchte und stellt sie spontan nach seinen Vorstellungen dar. Dies kann ein lebloser Gegenstand, eine Pflanze, ein Tier, ein Naturphänomen oder ein menschliches Wesen sein. Beim Spiel steht das eigene Empfinden und der persönliche Ausdruck der Spieler im Vordergrund. Während des Spiels sprechen die Kinder nicht. Das Ausdrucksspiel wird durch die Spielleitung sprachlich begleitet, evtl. unterstützt durch meditative Instrumentalmusik. Das Spiel beginnt und endet mit einem Gongschlag.

Vor langer, langer Zeit lebten stolze Menschen auf der Erde. Die meisten von ihnen wohnten im Dorf der Weiden. Der Wind spielte mit den grünen Blättern der Bäume und die langen Gräser der Wiesen wogten sanft wie Meereswellen. Das Licht der Sonne spiegelte sich in den zahlreichen Quellen und Bächen wie in einem Edelstein. Die Weiden wuschen ihr grünes Haar und beugten sich tief. Doch die Menschen beachteten das Wasser nicht. Sie dachten nur an sich. Jeden Tag wollten sie sich nur vergnügen oder faul in der Sonne liegen. Dabei vergaßen sie die Schönheit der Natur. Sie vergaßen die Blumen, die Bäume, die Tiere und sogar ihre Freunde. Sie begannen zu streiten, wurden gierig, jeder dachte nur noch an sich. Nach kurzer Zeit schon war der einst so fruchtbare Boden zu Stein erstarrt, die Flüsse und Bäche ausgetrocknet, die Quellen versiegt. In ihrer Not erinnerten sich die Menschen an den Regengott, der oben in den Bergen wohnen sollte. Doch der Weg dorthin war steil und gefährlich und keiner wollte ihn gehen. Einige der Älteren waren noch im Besitz der alten Zaubersprüche und Beschwörungen. So schmückten sie sich und holten ihre kostbaren Gewänder hervor. Drei Tage und drei Nächte tanzten die Menschen in dem Dorf der Weiden und baten um Regen. Den Regengott aber beeindruckte das nicht.

Zu dieser Zeit lebten zwei junge Menschen in dem Dorf. Schneller-Pfeil, der Junge und Sonne-im-Haar, das Mädchen. Schneller-Pfeil war immer guten Mutes und obwohl er noch jung war, schon ein geübter Bogenschütze. Sonne-im-Haar war anmutig und rein wie eine frische Quelle. Beide liebten sich, doch die Sorge um das Dorf der Sommerweiden und die Menschen des Dorfes bedrückten sie schwer. So fassten sie am Morgen des vierten Tages den Entschluss, sich auf den Weg zu machen und den Regengott zu suchen. Der Weg war jedoch viel länger und härter als die Alten es ihnen erzählt hatten. Schroffe Felsen mussten sie überwinden, die flüsterten: „Geht nicht, es ist verlorene Zeit." Die Eule schrie: „Geht nicht weiter, hier gibt es keinen Regengott." Die Wölfe heulten: „Wenn ihr weitergeht, werdet ihr sterben."

Als sie den Regengott endlich gefunden hatten, waren ihre Hände und Füße blutig und die Haut von der heißen Sonne verbrannt. Doch auch der Regengott sah sehr traurig und müde aus. Einsam, vergessen und krank lebte er auf einem abgelegenen Berg. Schneller-Pfeil und Sonne-im-Haar, selbst schwach an Kräften, versuchten den Regengott aufzumuntern. Der freute sich und bat darum, man möge doch sein Haar kämmen und zu zwei Zöpfen flechten. Gerne kamen Sonne-im-Haar und Schneller-Pfeil dieser Bitte nach. Dann fragten die beiden nach Regen und Wasser.

Daraufhin nahm der Regengott eine Träne aus seinem Auge und gab sie Schneller-Pfeil, in dessen Hand sie sich sofort in eine schwarze Perle verwandelte. Er sprach: „Gehe zurück ins Tal und verschlucke diese Perle. An dieser Stelle wird eine Quelle entspringen. Du selbst aber wirst zu einem Felsen versteinern." Ohne zu zögern machte sich Schneller-Pfeil auf den Weg ins Tal. „Eine Quelle ist viel zu wenig für unser Dorf", schrie da Sonne-im-Haar, „bitte gib mir auch eine Perle." Der Regengott weinte und nahm eine zweite Träne aus seinem Auge. Sonne-im-Haar lief lachend zu Tal, ihr Haar wehte im Wind.

Am Fuße des Berges standen Sonne-im-Haar und Schneller-Pfeil. Sie umarmten sich, lachten und verschluckten die schwarzen Perlen, die ihnen der Regengott gegeben hatte. Augenblicklich verwandelten sie sich in zwei Felsen, zu deren Füßen zwei mächtige Quellen hervorsprudelten.

Wenige Monde später erblühte das Dorf der Weiden. Der Wind spielte mit den grünen Blättern der Bäume, und die langen Gräser der Wiesen wogten sanft wie Meereswellen. Das Licht der Sonne spiegelte sich in den zwei Quellen wie in einem Edelstein. Die Weiden wuschen ihr grünes Haar und beugten sich tief. Die Menschen des Dorfes aber erinnerten sich, dass zu jedem Nehmen auch ein Geben gehört.

Nach dem Spiel tanzen die Kinder einen „Quellentanz" mit einer einfachen Schrittfolge zu einer ruhigen Musik im 2/4-Takt. Hierzu bilden sie einen Kreis, wobei jeder ein Tuch in der Hand hält.

Variante: Die Hälfte der Mitspieler hält eine ausgebreitete transparente Plastikfolie und bewegt diese nach einer ruhigen Musik. Die übrigen Spieler liegen unter der Folie. Während die Musik spielt, gibt die Spielleitung kleine Wassermengen auf die Folie. Durch die Schwingungen der Folie beginnt das Wasser zu fließen, so dass die Spieler unter der Folie einen „Unterwasser"-Effekt erleben.

Alphabetisches Spieleverzeichnis

Äpfel, Birnen und Spinat 120	*Abzählreim*
Apfel, Nuss und Mandelkern 119	*Abzählreim*
Auf dem bi-ba-bunten Berge 120	*Abzählreim*
Auf der Donau will ich fahren 11	*Kennenlern- und Kontaktspiel*
Auf der grünen Wiese steht ein Karussell 49	*Seilspiel*
Auf der Mauer, auf der Mauer 141	*Spielvers*
Auf einem Berg aus Schnee 120	*Abzählreim*
Auf einem Gummi-Gummi-Berg 126	*Handklatschspiel*
Augen-Kim 93	*Sehspiel*
Dem Bäcker aus dem Weihnachtsland 119	*Abzählreim*
Ball der Tiere 26	*Ballspiel*
Der Ball ist im Eimer 24	*Ballspiel*
Ball-Kette 24	*Ballspiel*
Balltransport 24	*Ballspiel*
Bärenjagd 138	*Spielvers*
Bauchgeräusche 147	*Entspannungsspiel*
Bäumchen, Bäumchen, wechsel dich 40	*Lauf- und Fangspiel*
Bäume im Nachtwald 85	*Tastspiel*
Bäume im Sturm 148	*Entspannungsspiel*
Beerenhunger 101	*Schmeckspiel*
Bei Müllers hat's gebrannt 122	*Handklatschspiel*
Bella, Bella Himmelblau 123	*Handklatschspiel*
Bello, Bello, dein Knochen ist weg 86	*Hörspiel*
Bewachte Stuhlbeine 21	*Ballspiel*
Blasmusik 89	*Hörspiel*
Der blinde Dirigent 91	*Hörspiel*
Blinde Kuh auf dem Seil 50	*Seilspiel*
Blindenführer 83	*Tastspiel*
Blinder Spaziergang 99	*Riechspiel*
Blinder Spaziergang 99	*Hörspiel*
Blitzgewitter 117	*Erzählspiel*
Blumenwiese 149	*Entspannungsspiel*
Brief abschicken 30	*Hüpfspiel*
Brücken-Fangen 42	*Lauf- und Fangspiel*
Brüderchen komm tanz mit mir 67	*Kreis- und Liedspiel*
Cowboy Bill 66	*Kreis- und Liedspiel*
Das riecht wie ... 99	*Riechspiel*
Der dicke Luftballon 147	*Entspannungsspiel*
Di-Da-Däumeling 123	*Handklatschspiel*
Doktor Wulle 124	*Handklatschspiel*
Dornröschen war ein schönes Kind 68	*Kreis- und Liedspiel*
Dosenwerfen 23	*Ballspiel*
Drachenkampf 25	*Ballspiel*
Dri-Dra-Drosselbart 123	*Handklatschspiel*
Duftbilder 99	*Riechspiel*
Duftsäckchen 97	*Riechspiel*
Dunkelgeräusche 88	*Hörspiel*

Eene, meene, mopel 118	Abzählreim
Ein Elefant, der balancierte 16	Kennenlern- und Kontaktspiel
Ein Hut, ein Stock, ein Regenschirm 142	Spielvers
Ein kleines graues Eselchen 13	Kennenlern- und Kontaktspiel
Ein kleines Stachelschwein 61	Fingerspiel
Ein Stück Urlaub 96	Sehspiel
Eine kleine Rennmaus 119	Abzählreim
Eine lange Schlange 58	Fingerspiel
Einer ist hier verschwunden 96	Sehspiel
1, 2, 3 auf der Treppe liegt ein Ei 119	Abzählreim
1, 2, 3, 4, 5, 6, 7 119	Abzählreim
1, 2, 3, 4, 5, der Storch 119	Abzählreim
Eins, zwei, drei, ene, mene, mei 120	Abzählreim
Eins, zwei, drei – letztes Paar vorbei 45	Lauf- und Fangspiel
Eins, zwei, drei im Sauseschritt 12	Kennenlern- und Kontaktspiel
Eins, zwei, drei, alt ist nicht neu 118	Abzählreim
Eins, zwei, drei, wer hat den Ball? 22	Ballspiel
Elefanten-Fangen 40	Lauf- und Fangspiel
Die Elefantenherde 108	Mitmachgeschichte
Erster, zweiter 120	Abzählreim
Erzähl mir kein Märchen 119	Abzählreim
Erzählbasar 114	Erzählspiel
Es geht eine Zipfelmütz' 70	Kreis- und Liedspiel
Es war einmal ein Mann 119	Abzählreim
Faden legen 96	Sehspiel
Fährt ein Schifflein 37	Kniereiterspiel
Fallschirm 15	Kennenlern- und Kontaktspiel
Fideldum und Fideldei 127	Zauberspruch
Figuren schleudern 73	Pantomimisches Spiel
Filmstar sein 115	Erzählspiel
Fischer, Fischer, wie weht deine Fahne? 42	Lauf- und Fangspiel
Fischer, wie tief ist das Wasser 42	Lauf- und Fangspiel
Fixe Füße 64	Kreis- und Liedspiel
Flipbar 102	Schmeckspiel
Flipper 26	Ballspiel
Flugzeug 57	Fingerspiel
Frau Wolkenkratz 37	Kniereiterspiel
Frosch und Fliege 57	Fingerspiel
Frösche im Teich 50	Seilspiel
Fuchs, Fuchs, wie viel Uhr ist es? 43	Lauf- und Fangspiel
Fühlkekse 83	Tastspiel
Gaumenkitzel 102	Schmeckspiel
Geburtstagsfeier der Maus 55	Fingerspiel
Gegensätze fühlen 83	Tastspiel
Geht ein Zwerg über'n Berg 118	Abzählreim
Geht sieben Schritte geradeaus 127	Zauberspruch
Geräusche raten 89	Hörspiel
Geräusch-Paare 90	Hörspiel
Die Geschichte von den zwei Quellen 152	Entspannungsspiel
Geschichten erzählen 115	Erzählspiel
Geschichten würfeln 117	Erzählspiel
Geschmacksprüfung 104	Schmeckspiel

Gesichter weitergeben 75	*Pantomimisches Spiel*
Gleich und gleich 93	*Sehspiel*
Der Gockelhahn 131	*Malspiel*
Grabensprung 49	*Seilspiel*
Grashüpfer 28	*Hüpfspiel*
Guten Appetit 76	*Pantomimisches Spiel*
Guten Morgen, guten Morgen 12	*Kennenlern- und Kontaktspiel*
Hallihallo 23	*Ballspiel*
Hallo, hallo 11	*Kennenlern- und Kontakspiel*
Hänschen, piep einmal 90	*Hörspiel*
Hänsel und Gretel 71	*Kreis- und Liedspiel*
Der Hase 131	*Malspiel*
Hase im Kohl 45	*Lauf- und Fangspiel*
Hatschi-Patschi 16	*Kennenlern- und Kontaktspiel*
Heile, heile Segen 147	*Entspannungsspiel*
Heißt du Hinz? Heißt du Hans? 120	*Abzählreim*
Herbstwald 136	*Spielvers*
Herr Hoppehöpper 37	*Kniereiterspiel*
Herr Zwick und Herr Zwack 58	*Fingerspiel*
Hexe, Hexe, was kochst du heute? 46	*Lauf- und Fangspiel*
Hexenbrei 124	*Handklatschspiel*
Hexen-Einmaleins 129	*Zauberspruch*
Hexensuppenschmaus 128	*Zauberspruch*
Hilfe-Fangen 42	*Lauf- und Fangspiel*
Himmel und Hölle 31	*Hüpfspiel*
Himmelsrichtungen 137	*Spielvers*
Hin und her im Kindergarten 14	*Kennenlern- und Kontaktspiel*
Hinter sieben blauen Bergen 128	*Zauberspruch*
Hochzeitsbälle 82	*Tastspiel*
Hokus Pokus Fliegendreck 127	*Zauberspruch*
Hopp, hopp, hopp 38	*Kniereiterspiel*
Hoppe, hoppe, Reiter 37	*Kniereiterspiel*
Hör mal, wie das klingt 88	*Hörspiel*
Huckelhügelland 60	*Fingerspiel*
Hundewünsche 147	*Entspannungsspiel*
Hutspiel 76	*Pantomimisches Spiel*
Ich bin 'ne kleine Schnecke 65	*Kreis- und Liedspiel*
Ich bin ein kleiner Tanzbär 15	*Kennenlern- und Kontaktspiel*
Ich schmecke was … 102	*Schmeckspiel*
Ich sehe was, was du nicht siehst 93	*Sehspiel*
Ich sitze im Grünen 17	*Kennenlern- und Kontaktspiel*
Icki, bicki, Knallbonbon, 118	*Abzählreim*
Igelballmassage 150	*Entspannungsspiel*
Im Garten steht ein Blümelein 10	*Kennenlern- und Kontaktspiel*
Im Walde steht ein Hexenhaus 88	*Hörspiel*
Im Zirkus Bella, Bella 73	*Kennenlern- und Kontaktspiel*
Imse, bimse, Spinne 146	*Entspannungsspiel*
Ist die kleine Köchin da? 68	*Kreis- und Liedspiel*
Ist ein Mann in Brunn gefallen 38	*Kniereiterspiel*
Ist Mäuschen zu Haus? 40	*Lauf- und Fangspiel*
Itzli, pitzli, Pflaumenmus 120	*Abzählreim*
Jägerball 27	*Ballspiel*

Joghurttester 103	Schmeckspiel
Kartenrutschen 17	Kennenlern- und Kontaktspiel
Kätzchen streicheln 150	Entspannungsspiel
Die Katze 132	Malspiel
Katze und Maus 133	Malspiel
Katzenreise 142	Spielvers
Ketten-Fangen 46	Lauf- und Fangspiel
Klammeraffendieb 41	Lauf- und Fangspiel
Klapperschlange 88	Hörspiel
Klaus, der Regenwurm 137	Spielvers
Die kleine Seiltänzerin 62	Fingerspiel
Kleiner Drache, schläfst du noch? 41	Lauf- und Fangspiel
Knusper, knusper, knäuschen 118	Abzählreim
Kochlöffelfühler 85	Tastspiel
Koffer-Pantomime 76	Pantomimisches Spiel
Komm mit, lauf weg 46	Lauf- und Fangspiel
König Grrr und seine drei Töchter Sssst, Bufff und Schmatz 113	Mitmachgeschichte
Kribis, krabis Krötenbein 127	Zauberspruch
Küchenduftsucher 98	Riechspiel
Lawinen-Fangen 41	Lauf- und Fangspiel
Lieblingssteine 95	Sehspiel
Lied-Pantomime 78	Pantomimisches Spiel
Lirum, larum Schmorgelschreck 119	Abzählreim
Lirum, larum Schnirgelschreck 128	Zauberspruch
Das Märchen „Allerlei" 115	Erzählspiel
Marionetten-Spiel 77	Pantomimisches Spiel
Die Mäusefamlie 58	Fingerspiel
Mein rechter, rechter Platz ist frei 12	Kennenlern- und Kontaktspiel
Meine Tante aus Amerika ist da 77	Pantomimisches Spiel
Meister, könn'n wir Arbeit kriegen? 44	Lauf- und Fangspiel
Mimische Kette 78	Pantomimisches Spiel
Mit und ohne Hut 92	Sehspiel
Die Monate im Jahreskreis 142	Spielvers
Der Mond ist rund 131	Malspiel
Das Mondgesicht 130	Malspiel
Eine Mondreise 111	Mitmachgeschichte
Morgens früh um sechs 139	Spielvers
Die müde Schnecke 109	Mitmachgeschichte
Mutter, Mutter, wie weit darf ich reisen? 44	Lauf- und Fangspiel
Nachmacher 75	Pantomimisches Spiel
Nasendetektive 97	Riechspiel
Nasenspaziergang 100	Riechspiel
O mise mause maas 129	Zauberspruch
Ochs am Berge, eins, zwei drei 47	Lauf- und Fangspiel
One, two, three, four 125	Handklatschspiel
Öttchen, döttchen, Silberpöttchen 126	Handklatschspiel
Pantomimik-Memory 77	Pantomimisches Spiel
Paradieshüpfen 32	Hüpfspiel
Pizza backen 150	Entspannungsspiel
Plitsch und Platsch 120	Abzählreim
Plumpsack oder Der Fuchs geht um 44	Lauf- und Fangspiel

Popcorn-Fangen 45	*Lauf- und Fangspiel*
Prinzenball 23	*Ballspiel*
Rapunzel, lass dein Haar herab 119	*Abzählreim*
Rätselball 27	*Ballspiel*
Rätselreime 134 f.	*Sprechspiele*
Die Raupe 132	*Malspiel*
Die Reise nach Amerika 122	*Handklatschspiel*
Die Reise zu den Planeten 107	*Mitmachgeschichte*
Rideldum, Rideldeis 128	*Zauberspruch*
Riechbar 98	*Riechspiel*
Ringel, Ringel, Reih' 119	*Abzählreim*
Ringel, Ringel, Reihe 63	*Kreis- und Liedspiel*
Ritze, ratze, Katzentatze 119	*Abzählreim*
Rollball 22	*Ballspiel*
Rosi, Rosi Rosenkohl 123	*Handklatschspiel*
Rote Kirschen ess ich gern 64	*Kreis- und Liedspiel*
Rückenklavier 84	*Tastspiel*
Schattenspiel 77	*Pantomimisches Spiel*
Schiff im Nebel 91	*Hörspiel*
Schlangenschwanztreten 50	*Seilspiel*
Schlapp hat den Topf verloren 90	*Hörspiel*
Die Schnecke 132	*Malspiel*
Schneckenkönig 32	*Hüpfspiel*
Schneeballkönig wirft den Ball 119	*Abzählreim*
Schneeballschlacht 21	*Ballspiel*
Schneider, leih mir die Scher'! 47	*Lauf- und Fangspiel*
Schni-Schna-Schneiderlein 122	*Handklatschspiel*
Schnüffelhunde 100	*Riechspiel*
Schnuppermemory 98	*Riechspiel*
Schraubenkönig 85	*Tastspiel*
Schrei in der Brandung 91	*Hörspiel*
Schuhkreisel 50	*Seilspiel*
Schuhsalat 94	*Sehspiel*
Schustertreppe 29	*Hüpfspiel*
Schüttelmemory 91	*Hörspiel*
Schweinchen 27	*Ballspiel*
Schweine fangen 41	*Lauf- und Fangspiel*
Sehende Hände 83	*Tastspiel*
Seilspringen (Solo) 51	*Seilspiel*
Simsalabim – 's ist halb so schlimm 120	*Abzählreim*
Die Sonnenkäferfamilie 56	*Fingerspiel*
Spieglein, Spieglein, an der Wand, 120	*Abzählreim*
Spinne im Netz 87	*Hörspiel*
Spots in movement 18	*Kennenlern- und Kontaktspiel*
Springen mit dem Schwungseil 52	*Seilspiel*
Stille Post 87	*Hörspiel*
Storch schnappt Frösche 33	*Hüpfspiel*
Streichelzoo 81	*Tastspiel*
Der Stuhl braucht Schuhe 83	*Tastspiel*
Der stumme Dirigent 76	*Pantomimisches Spiel*
Süße Reihe 103	*Schmeckspiel*
Taler, Taler, du musst wandern 95	*Sehspiel*

Tanz der Aufziehtiere 78	Pantomimisches Spiel
Tanz der Sterne 152	Entspannungsspiel
Tastsack 84	Tastspiel
Tasttreppenwand 82	Tastspiel
Tastwege 82	Tastspiel
Teezeit 103	Schmeckspiel
Theater der Gefühle 74	Pantomimisches Spiel
Tierbilder ABC 133	Schreibspiel
Tiere darstellen 74	Pantomimisches Spiel
Tierfamilie 89	Hörspiel
Timpe Tampe Zaubermann 75	Pantomimisches Spiel
Das Tuck-Tuck-Auto 36	Kniereiterspiel
Tunnelball 22	Ballspiel
Turmball 26	Ballspiel
Vierer-Hüpfen 34	Hüpfspiel
Vogel aus dem Nest 29	Hüpfspiel
Vornamen finden 133	Schreibspiel
Waldsammlung 84	Tastspiel
Die Wanderung 151	Entspannungsspiel
Was hat sich verändert? 94	Sehspiel
Was müssen das für Bäume sein? 72	Kreis- und Liedspiel
Waschanlage 84	Tastspiel
Wassergraben 35	Hüpfspiel
Wem gehört das? 93	Sehspiel
Wer bin ich? 115	Erzählspiel
Wer hat Angst vorm großen Bären? 43	Lauf- und Fangspiel
Wer hat den Keks aus der Dose geklaut? 18	Kennenlern- und Kontaktspiel
Wettermassage 148	Entspannungsspiel
Wie schmeckt der Duft? 98	Riechspiel
Der Wind 151	Entspannungsspiel
Windkinder 149	Entspannungsspiel
Windpocken-Fangen 47	Lauf- und Fangspiel
Winter 139	Spielvers
Wir gehen jetzt im Kreise 74	Pantomimisches Spiel
Wir packen unseren Picknickkorb 18	Kennenlern- und Kontaktspiel
Wir sagen no, wir sagen si 125	Handklatschspiel
Wir woll'n den Kranz binden 17	Kennenlern- und Kontaktspiel
Wo tickt der Wecker? 86	Hörspiel
Wörter hüpfen 30	Hüpfspiel
Wüstenmusik 87	Hörspiel
Zahlen hüpfen 30	Hüpfspiel
Zappeldinger 62	Fingerspiel
Zehenseil 49	Seilspiel
Zehn kleine Indianer 140	Spielvers
Zirkus 74	Pantomimisches Spiel
Zungenbrecher 143 f.	Sprechspiele
Zungenlabor 103	Schmeckspiel
Zuzwinkern 94	Sehspiel
Zwerglein Tip-Tip-Tip 56	Fingerspiel